城市轨道交通专业技能培训教材

AFC 设备管理与维护

中铁通轨道运营有限公司
温州市铁路与轨道交通投资集团有限公司运营分公司 编著

中国铁道出版社有限公司

2022年·北京

内 容 简 介

本书为“城市轨道交通专业技能培训教材”系列图书之一。全书共分为5章，包括轨道交通自动售检票系统概述、城市轨道自动售检票系统基础知识、自动售检票(AFC)系统运行与维护、自动售检票(AFC)系统安全操作与故障处理、通用维修工具与仪器仪表使用，旨在使员工掌握基本安全知识及安全操作技能。

本书可供城市轨道交通领域管理与维护相关的从业人员及轨道交通职业院校师生使用与参考。

图书在版编目(CIP)数据

AFC设备管理与维护/中铁通轨道运营有限公司，温州市铁路与轨道交通投资集团有限公司运营分公司编著. —北京：中国铁道出版社有限公司，2022.9

城市轨道交通专业技能培训教材

ISBN 978-7-113-29196-9

Ⅰ.①A… Ⅱ.①中… ②温… Ⅲ.①城市铁路-旅客运输-售票-铁路自动化系统-设备管理-技术培训-教材②城市铁路-旅客运输-检票机-铁路自动化系统-设备管理-技术培训-教材③城市铁路-旅客运输-售票-铁路自动化系统-维修-技术培训-教材④城市铁路-旅客运输-检票机-铁路自动化系统-维修-技术培训-教材 Ⅳ.①U293.22

中国版本图书馆CIP数据核字(2022)第095687号

书　　名：AFC设备管理与维护
作　　者：中铁通轨道运营有限公司
温州市铁路与轨道交通投资集团有限公司运营分公司

策　　划：徐 艳 黎 琳 王 淳
责任编辑：张卫晓　　**编辑部电话：**(010)51873017
封面设计：尚明龙
责任校对：苗 丹
责任印制：樊启鹏

出版发行：中国铁道出版社有限公司(100054，北京市西城区右安门西街8号)
网　　址：http://www.tdpress.com
印　　刷：河北燕山印务有限公司
版　　次：2022年9月第1版　2022年9月第1次印刷
开　　本：787 mm×1 092 mm 1/16　**印张：**8.75　**字数：**212千
书　　号：ISBN 978-7-113-29196-9
定　　价：46.00元

“城市轨道交通专业技能培训教材”
编委会

主　任　朱三平

顾　问　金　林　张向丰

副主任　马向东　潘俊武　杨迎卯　王式磊　金韶华
　　　　尚利涛　闵永超

委　员　闫瑞鹏　程鸿博　薛可宠　蔡端阳　谌述超
　　　　尹　勇　马冬木　邱连俊　王小乐

《AFC 设备管理与维护》编审人员

主　编　孔国权　杨迎卯　王式磊

副主编　邱连俊　陈　锟　段保卫

参　编　王伟杰　陈姜州　邹海双　陈凯怀　金璐倩
　　　　郑陈伟　蒋周武

主　审　马向东

参　审　闵永超　张春旭　刘帅刚

前言

我国城市轨道交通发展迅速，截至 2021 年 12 月 31 日，全国（不含港澳台）共有 50 个城市开通运营城市轨道交通，运营里程达 9 206.8 km。随着运营里程的快速增加，城市轨道交通管理与维护人员的需求也不断增大。同时，城市轨道交通设备设施比较庞杂，且不同城市的轨道交通设备制式、厂家不尽相同，设备管理与维护过程中修程修制也有较大出入，因此在城市轨道交通设施设备日常管理与维护中，确立相对统一的管理与维护人员专业技能培训内容至关重要。

为实现企业专业技能培训科学合理化，全面提升技能队伍整体管理与维护水平，促进作业规范化、标准化，降低设备运行中的故障率，确保安全运行，中铁通轨道运营有限公司会同温州市铁路与轨道交通投资集团有限公司运营分公司组织相关人员编制了“城市轨道交通专业技能培训教材”系列图书。本套书共 13 册，本书为套书之一。

本套书从基础知识、运行维护、安全操作、故障判别与处理等方面阐述了城市轨道交通 12 个专业的管理和维护要求，并且对相关专业管理和维护过程中常见的故障进行原因分析，对高频次故障的预防及处理进行梳理。套书力求在以下方面有所突破：

一是力求岗位理论知识覆盖全面。教材根据岗位的基础知识和技能要求，内容覆盖了实际工作中需掌握的专业知识点，将理论内容结合岗位需求针对性讲解。按照连接性和扩展性要求对知识点进行必要的细化和展开，使相关的技能和知识点连成线、织成片；注重各专业间有机衔接，补充必需的基础性、辅助性知识和技能，形成较为完整的知识体系。

二是力求适用性广泛。教材内容以温州 S1 线市域（郊）铁路运营实践为主，同时结合国内其他城市轨道交通设备使用情况和借鉴先进管理经验，保证图书在行业内具有较好的适用性。

三是力求指导性突出。作为岗位人才培养的基础教材，图书在介绍理论知识基础上，同时介绍岗位工作接口、日常生产任务、生产技能等要求，以适应岗位的工作要求。

本套书在编写过程中汲取了相关市域(郊)铁路管理和维护单位的实践经验，结合现行国家和行业标准，紧密联系城市轨道交通的工作实际，内容深入浅出，文字力求通俗易懂。本套书既可作为市域(郊)铁路运营与管理企业员工专业技能培训教材，也可供轨道交通职业院校的师生以及行业管理人员使用与参考。

本分册为《AFC 设备管理与维护》。全书共分为 5 章，包括轨道交通自动售检票系统概述、城市轨道自动售检票系统基础知识、自动售检票(AFC)系统运行与维护、自动售检票(AFC)系统安全操作与故障处理、通用维修工具与仪器仪表使用，旨在使员工掌握基本安全知识及安全操作技能。

需要说明的是，本书内阐述的主要设备案例及应用场景均来源于温州市域铁路 S1 线。由于城市轨道交通发展日新月异，各个城市使用的设备品牌、工艺、技术等均有所不同，加之编制人员专业技能与实践经验存在一定局限性，书中难免存在错漏之处，敬请读者批评指正，以便及时修订和完善。

编　者

2022 年 1 月

目 录

第1章 轨道交通自动售检票系统概述

1.1 自动售检票(AFC)系统介绍

自动售检票系统(automatic fare collection),简称 AFC 系统。AFC 是指全自动收费系统,融计算机技术、网络技术、通信技术、自动控制的售票、检票系统,具有很强的智能化功能,是实现轨道交通售票、检票、计费、收费、统计、清分、管理等全过程的自动化系统,也是一种由计算机集中控制的自动售票、自动检票以及自动收费和统计的封闭式自动化网络系统。

AFC 系统集成了多项先进技术,实现了城市轨道交通范围内车票发售、车票验证、车票管理、客流控制、收入管理、设备监控、设备管理等功能。AFC 系统采用基于 TCP/IP 协议的网络架构,实现了稳定高速的设备信息传送,确保了设备运行的安全稳定和运营数据的及时收集。AFC 系统的数据传输基于封闭的分布范围广的局域网进行可靠传输。它采用的是全以太网网络传输方式,通过交换机、OTN(光传送)网络实现中央与各站计算机和车站 AFC 设备的通信和远程传输数据,数据的上传和采集速度得到了数十倍的提升。

1.2 自动售检票(AFC)系统组成

1.2.1 AFC 系统组成

AFC 系统层次结构是按照全封闭的运行方式,以计程收费模式为基础,根据各层次设备和子系统各自的功能、管理职能和所处的位置进行划分。AFC 系统的层次架构共分为清分中心(ACC)系统、线路中央计算机(LCC)系统、车站计算机(SC)系统、车站终端设备(SLE)、票卡,如图 1.1 所示。

第一层清分中心系统,主要功能是统一城市轨道交通 AFC 系统内部的各种运行参数,收集城市轨道交通 AFC 系统产生的交易和审计数据并进行数据清分和对账;同时,负责连接城市轨道交通 AFC 系统和城市一卡通清分系统,规定了对车票管理、票务管理、运营管理和系统维护管理的技术要求。

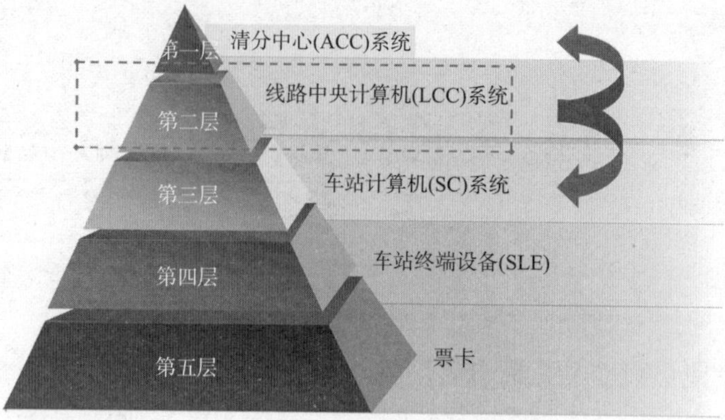

图 1.1　AFC 系统层次架构图

第二层线路中央计算机系统，主要功能是收集本线路 AFC 系统产生的交易和审计数据，并将此数据传送给城市轨道交通清分中心系统，以及对其进行对账，规定了对该线路的车票票务管理、运营管理及系统维护的技术要求。

第三层车站计算机系统，主要功能是对第二层车站终端设备进行状态监控、以及收集本站产生的交易和审计数据，规定了系统的数据管理、运营管理及系统维护管理的技术要求。

第四层车站终端设备，安装在各车站的站厅，是直接为乘客提供售票服务的设备，规定了车站终端设备及其运营管理的技术要求。

第五层票卡，是乘客所持的车票支付媒介，规定了储值卡和单程票两种类型的物理特性、电气特性、应用文件组织以及安全机制等技术要求，如图 1.2 所示。

AFC 系统设备按安装位置、实现功能等区分，可分为车站级 AFC 设备与中央级 AFC 设备。车站级 AFC 设备主要包括车站计算机(SC)、自动检票机(AGM)、自动售票机(TVM)、半自动售票机(BOM)、便携式验检票机(PCA)等；中央级 AFC 设备包括综合中央计算机系统(JCCS)、线路中央计算机(LCC)、编码分拣机(ES)和系统工作站等。

1.2.2　AFC 系统四层架构的优点

(1)线网规模较小。

(2)打破了传统的点—线—面说法，使得新清分中心(ACC)系统(面)可直接获得各车站 SC 系统(点)的数据。

(3)简化了数据流程，提高了整个系统的运行及响应速度。

(4)数据的实时性得到大幅提高，适应大数据时代的要求。

(5)降低了工程造价，减少了后期运营及维护的费用。

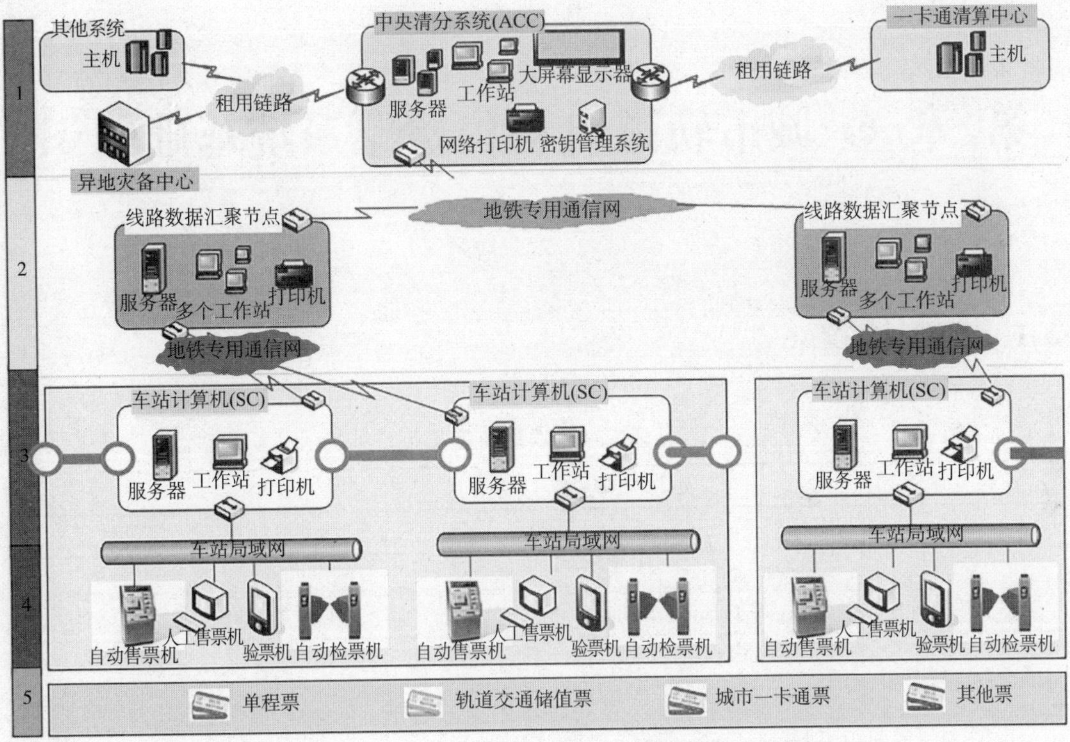

图 1.2　AFC 系统架构图

第2章 城市轨道自动售检票系统基础知识

2.1 术语与定义

表 2.1 术语与定义

缩写词	英文解释	中文解释
AFC	automatic fare collection	自动售检票
ACC	afc clearing center	清分中心
LCC	line central computer system	线路中央计算机系统
SC	station computer	车站计算机
CC	central computer	中央计算机
TVM	ticket vending machine	自动售票机
AGM	automatic gate machine	自动检票机
BOM	booking office machine	半自动售票机
ISM	integrated service machine	查询充值机
PCA	portable card analyzer	便携式验票机
R/W	reader/writer	读写器
UPS	uninterrupted power source	不间断电源
SLE	station level equipment	车站终端设备
OCC	operating control center	控制中心
IBP	integrated backup panel	综合后备盘
MTTR	mean time to repair	平均故障恢复维修时间
ECU	electronic control unit	主控单元
E/S	encoder/sorter	票卡编码分拣机
EOD	equipment operation data	设备运行参数
LAN	local area network	局域网
Mb/s	mega(million)bits per second	兆比特/秒(速率)
MCBF	mean cycles between failure	平均故障周期数
BTBF	mean time between failures	平均故障间隔
CSC	contactless smart card	非接触式 IC 卡

2.2 AFC相关接口

2.2.1 与清分中心(ACC)及市民卡系统的接口

AFC系统与ACC及市民卡系统之间可以实现互联,实现数据交换、资金清算。

AFC系统通过车站计算机系统SC与ACC接口,接口包括物理接口、数据传输接口、票务管理接口以及数据传输格式的约定等内容。工程界面为SC的服务器。SC在ACC的管理下运作,根据ACC的需要提供有关交易及设备管理信息,并从ACC获取清分结果,运营管理信息等。

2.2.2 AFC系统与低压配电系统的接口

AFC专业向低压配电专业提出设备的用电等级、负荷容量及接地需求。低压配电专业按Ⅰ类负荷对车辆段和综合维修基地、车站内的AFC设备供电并提供接地端子。AFC系统采用保护接地和工作接地联合接地方式,接地电阻不大于1 Ω。

低压配电专业在AFC灾备室、模拟仿真培训室、车站客服中心提供两路自切后电源,接口界面在AFC电源切换箱馈线端子外线侧。

2.2.3 AFC系统与通信系统的接口

AFC系统与通信系统的接口分界点分别在控制中心(OCC)、车辆段、各车站的通信设备室配线架外接端子处。

(1)通信系统为AFC系统提供数据传输通道:ACC与异地灾备及维修基地各系统、各车站计算机(SC)系统间共享型数据传输通道,如图2.1所示。

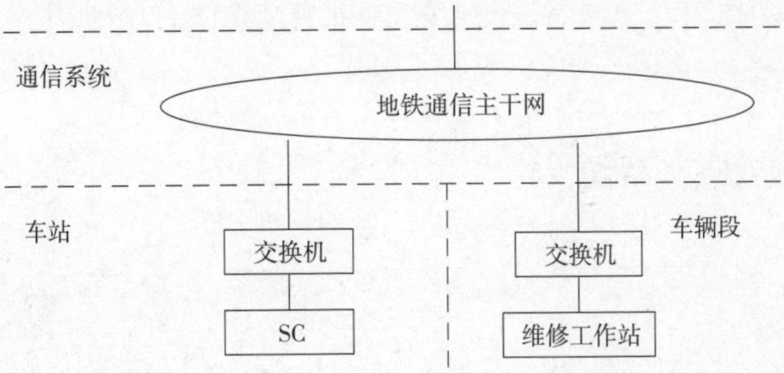

图2.1 ACC与各车站SC车辆段间通信接口示意图

(2)通信专业按照AFC专业的需求为各车站AFC设备提供不间断电源(UPS)供电,两专业间设计分界点位于各车站通信电源室的通信 UPS 系统配电屏馈电端子外侧。

(3)通信专业在每个车站的票务室、客服中心、自动检票机(AGM)和自动售票机(TVM)附近设摄像机。

2.2.4 AFC 系统与综合监控系统(ISCS)的接口

AFC 系统提供相关的客流和设备通信状态、设备故障状态等数据到控制中心 ISCS 系统的服务器。AFC 系统在 ISCS 系统综合后备盘(IBP)上有硬线接口,在按下紧急释放按钮时能实现对 AGM 扇门释放的功能。

2.2.5 AFC 系统与火灾自动报警系统(FAS)的接口

紧急控制:在火灾情况下 AFC 系统接收 FAS 火灾指令,实现紧急模式控制,释放 AGM 扇门。

状态监视:AFC 系统发送紧急情况下自动检票机扇门释放情况反馈信号,FAS 系统接收紧急情况下 AGM 的释放扇门情况反馈信号,如图 2.2 所示。

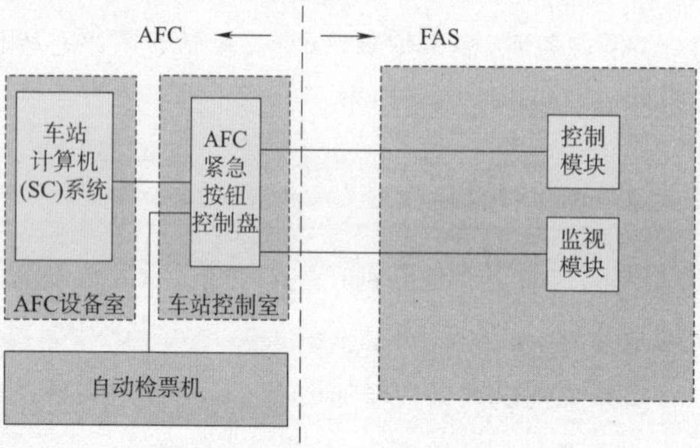

图 2.2　AFC 系统与火灾自动报警系统的接口示意图

2.3 清分中心(ACC)系统

2.3.1 功能概述

ACC 系统为各线路统一制定、发行和管理轨道交通专用车票,实现互联互通,并实现轨道交通专用车票与“城市公共交通一卡通”在地铁各线路中的应用,负责对各联网线路“一票通”收益作清算、对账、系统安全管理及有关数据处理等业务,以及各联网线路与 IC 卡公司之间的"一卡通"清算、对账等业务，是城市轨道交通线网 AFC 系统最上层的管理中心，如图 2.3 所示。

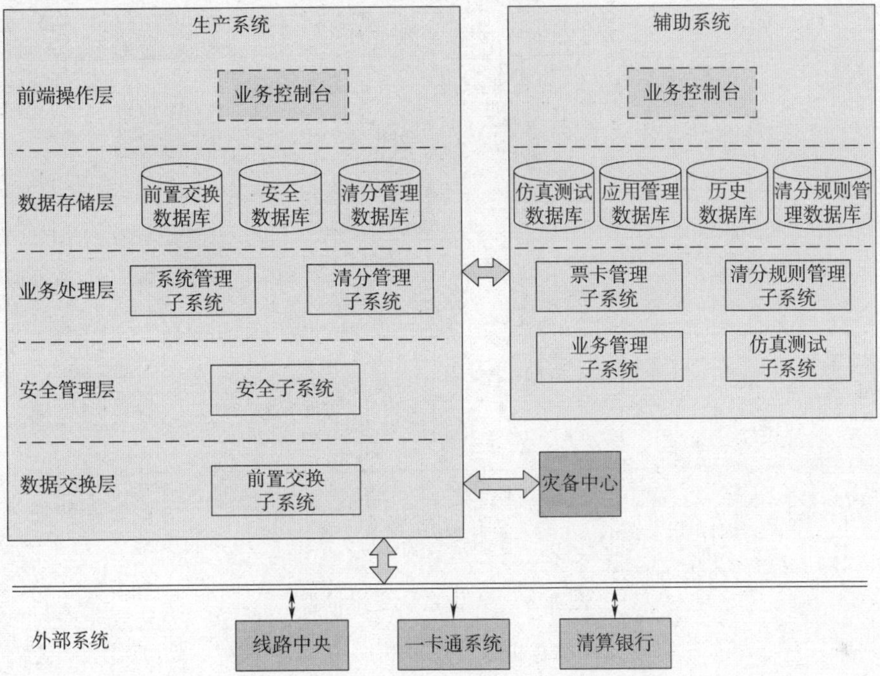

图 2.3　ACC 系统逻辑框架

ACC 代表所有轨道交通线路负责向其他部门和单位进行票务事宜的联系和协调工作，在正常运营情况下，ACC 对各线路运营起监控作用，并提供协调各线路的票务服务，在降级情况或紧急情况下，ACC 负责协调各线路的运营。

ACC 是 AFC 系统联网收费的清分中心，负责轨道交通"一票通""一卡通"所必需的运行管理，它将制定所有与 LCC 接口相关的接口及 AFC 系统的技术标准和业务规则，ACC 对各个线路进行统一的业务规范管理、票务管理、安全管理，并实施清算，如图 2.4 和图 2.5 所示。

轨道交通 ACC 系统的主要功能包括如下几个方面：

(1)ACC 制定 AFC 系统运营的各项规则，包括：车票、票价、清算、对账业务规则、车票使用管理及调配流程、运营模式控制管理流程、运营参数、安全管理的流程与授权、终端设备统一乘客服务界面、系统接口和编码规则等。

(2)ACC 统一发行轨道交通车票，并进行车票的动态调配和跟踪，实现轨道交通各线路统一的车票发行及车票管理。

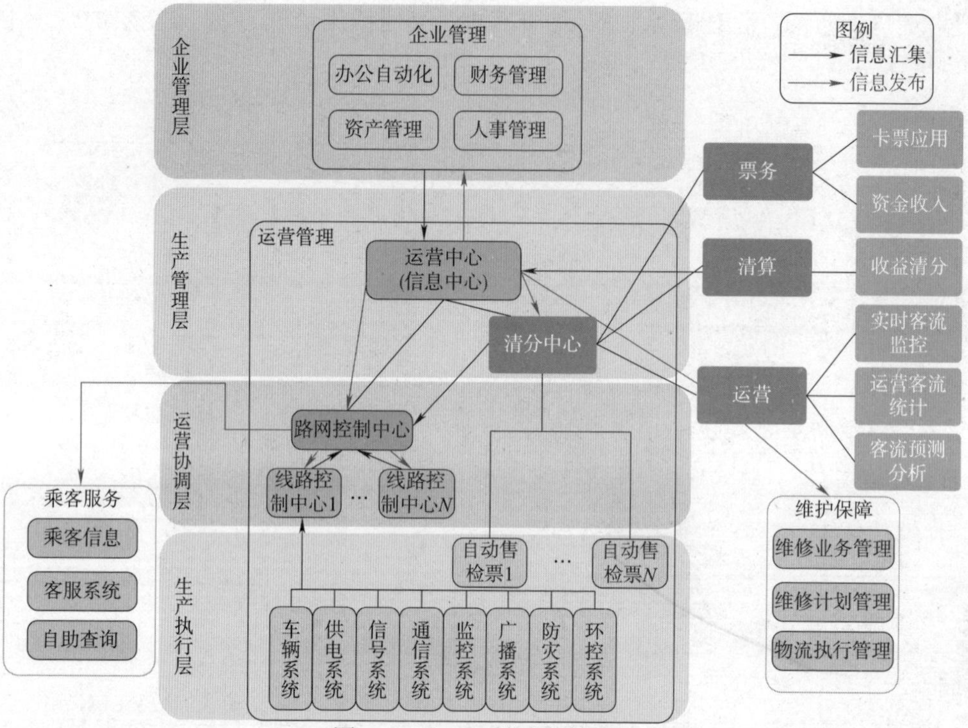

图 2.4　ACC 系统逻辑框架

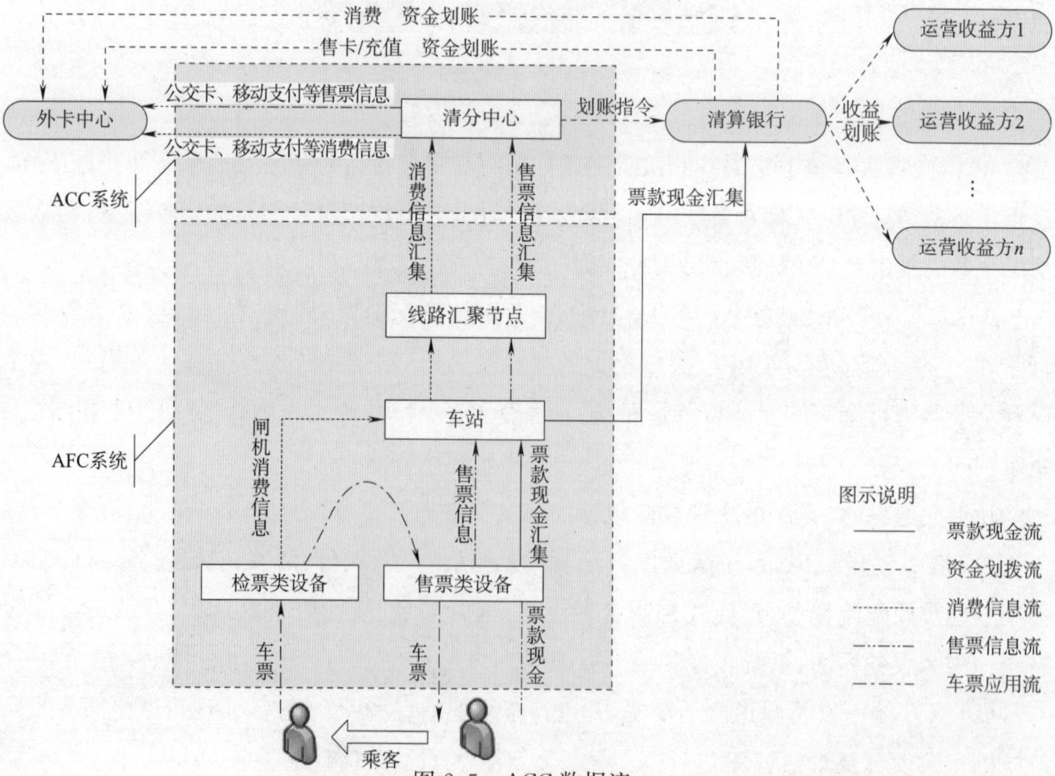

图 2.5　ACC 数据流

(3)ACC 通过其全局票务与安全系统支撑各线路 AFC 系统运行，负责收集、统计、分析、查询运营数据，负责“一卡通”车票交易收益在轨道交通系统不同线路之间的清分，实现轨道交通系统与“一卡通”系统间的清算、对账。

(4)ACC 下发各类参数和命令，确保整个 AFC 系统正常、安全运营。

(5)ACC 具备时钟同步功能，提供轨道交通 AFC 系统的时钟源。

(6)ACC 设有编码分拣机(ES)，具有对车票的初始化、赋值、分拣、校验、注销等功能。

(7)ACC 统一管理 AFC 系统密钥。

(8)ACC 统一向一卡通公司发送“一卡通”票卡在轨道交通的使用记录，接收一卡通公司发送的“一卡通”清分对账记录。

ACC 网络拓扑结构如图 2.6 所示。

2.3.2　ACC 设备结构

1. 服务器

服务器包括清分及线网运营服务器、历史数据及报表服务器、通信及数据交换服务器、网管服务器、备份服务器、时钟服务器和防病毒服务器等，如图 2.7 所示。

(1)业务服务器

服务器硬件可靠性高，专门设计的主板、机箱、电源、内存、……，服务器专属的 CPU，计算能力更强，而且服务器往往支持 2 个甚至多个 CPU，服务器支持更多的硬盘，而且往往配置性能更好的 SAS 接口硬盘，服务器适合在 24 h 不停机应用环境，适合有大量计算需求的场合，适合有海量存储需求的场合。

(2)通信服务器

通信服务器(communication server)是一个专用系统，为网络上需要通过远程通信链路传送文件或访问远地系统或网络上信息的用户提供通信服务。通信服务器根据软件和硬件能力为一个或同时为多个用户提供通信信道，如图 2.8 所示。

调制解调器通信服务器能为内部用户提供一组异步调制解调器，用于拨号访问远地系统、信息服务或其他资源。

(3)KVM

KVM 多主机切换系统是键盘(keyboard)、显示器(video)、鼠标(mouse)的缩写。KVM 多主机切换系统技术核心思想是：通过适当的键盘、鼠标、显示器的配置，实现系统和网络的集中管理，提高系统管理员的工作效率，节约机房的面积，降低网络工程和服务器系统的总体拥有成本，避免使用多显示器产生的辐射，营建健康环保的机房。利用 KVM 多主机切换系统，就可以通过一套 KVM 在多个不同操作系统的主机或服务器之间进行切换，如图 2.9 所示。

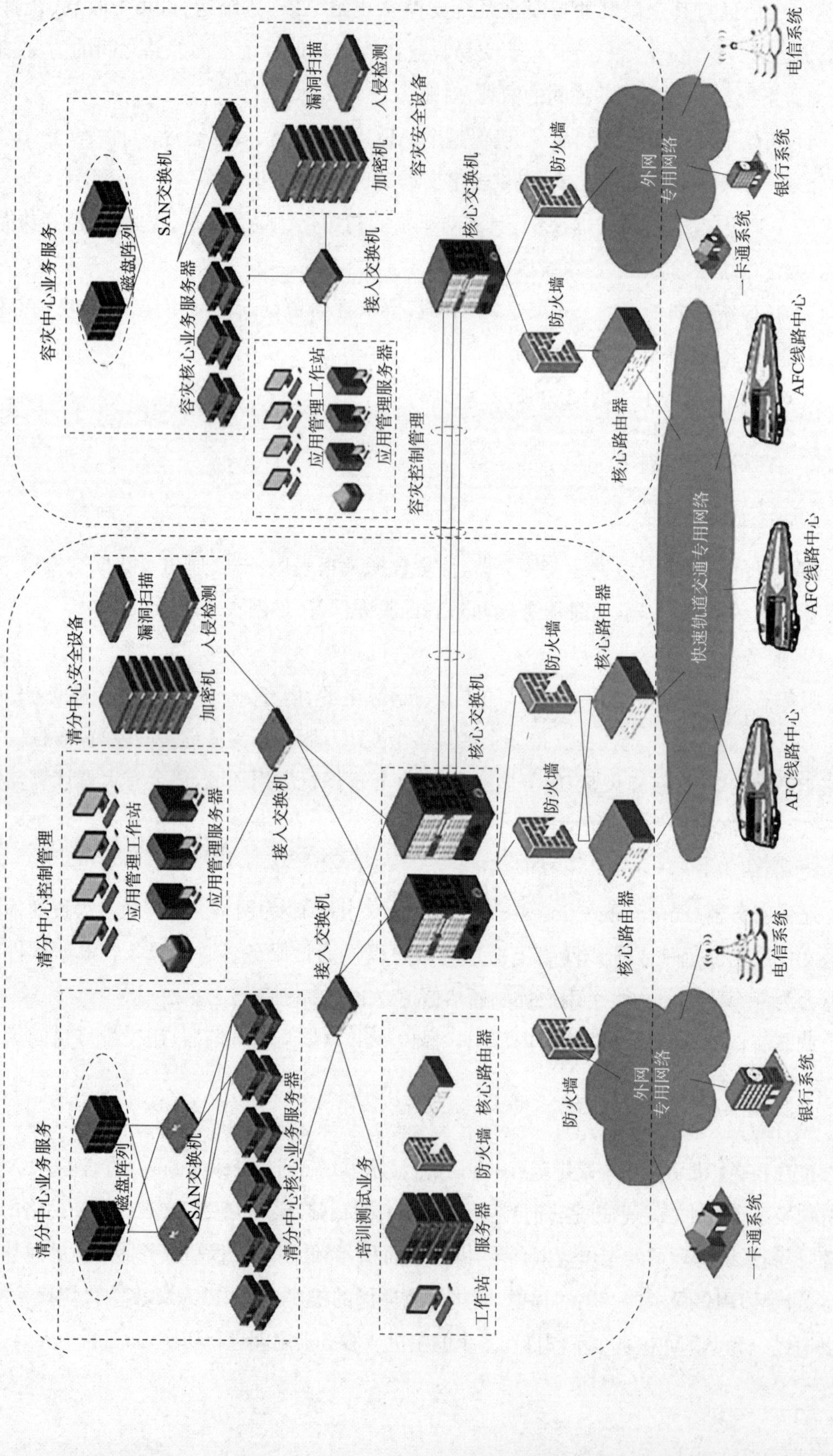

图 2.6 ACC 网络拓扑结构图

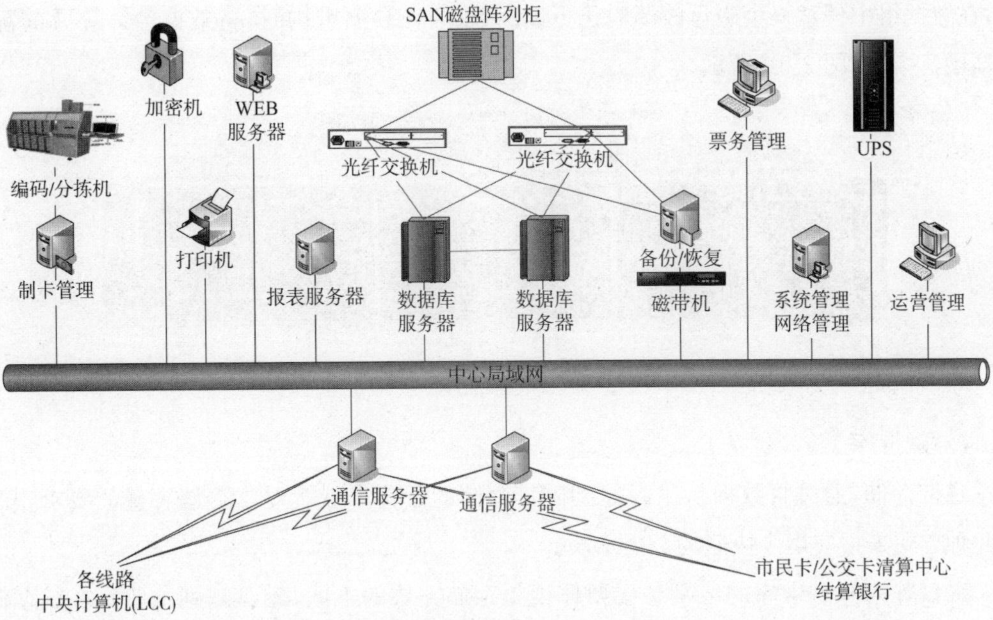

图 2.7　ACC 设备结构图

图 2.8　业务服务器、通信服务器

图 2.9　KVM 多主机切换系统

2. 存储设备

存储系统采用存储区域网络(storage area network,简称 SAN)存储结构。城市轨道交通 AFC 系统的存储设备主要包括磁盘阵列、磁带库、移动存储设备等。

(1)磁盘阵列

磁盘阵列有独立磁盘构成的具有冗余能力的阵列之意,磁盘阵列是由多个磁盘组合成一个容量巨大的磁盘组,利用个别磁盘提供数据所产生加成效果提升整个磁盘系统效能;利用这项技术,将数据切割成许多区段,分别存放在各个硬盘上,还能利用同位检查的观念,在数据组中任意一个磁盘故障时仍可读出数据,在数据重构时,将数据经计算后重新植入新硬盘中,如图 2.10 所示。

图 2.10　磁盘阵列

(2)磁带库

磁带存储,通过将数据从主存储到磁带存储的迁移来减缓对主存储容量的要求,并且以此种方式来适应当今快速的数据增长。

磁盘阵列和磁带库的区别最主要体现是存储方式的不同,磁盘阵列主要是在线存储,磁带库主要是离线存储、数据备份。磁带库是像自动加载磁带机一样的基于磁带的备份系统,它能够提供同样的基本自动备份和数据恢复的功能,但同时具有更先进的技术特点,它的存储容量可以达到 PB(1 PB=100 万 GB),可以实现连续备份,自动搜索磁带,也可以在驱动管理软件控制下实现智能恢复,实时监控和统计,整个数据存储备份过程完全摆脱了人工干涉,如图 2.11 所示。

图 2.11　磁带库

3. 网络设备

网络设备是由清分核心网络交换机、清分通信网络交换机、灾备网络交换机、清分测试平台网络交换机、通信网络交换机,网络设备还包括防火墙、入侵检测等设备组成;主要设备组成如下:

(1)光纤交换机

光交换机全称光纤交换机,是一种高速的网络传输中继设备。它较普通交换机而言采用了光纤电缆作为传输介质。光纤传输的优点是速度快、抗干扰能力强。

光纤以太网交换机是一款高性能的管理型的二层光纤以太网接入交换机。用户可以选择全光端口配置或光电端口混合配置，接入光纤媒质可选单模光纤或多模光纤。交换机可同时支持网络远程管理和本地管理，以实现对端口工作状态的监控和交换机的设置，如图 2.12 所示。

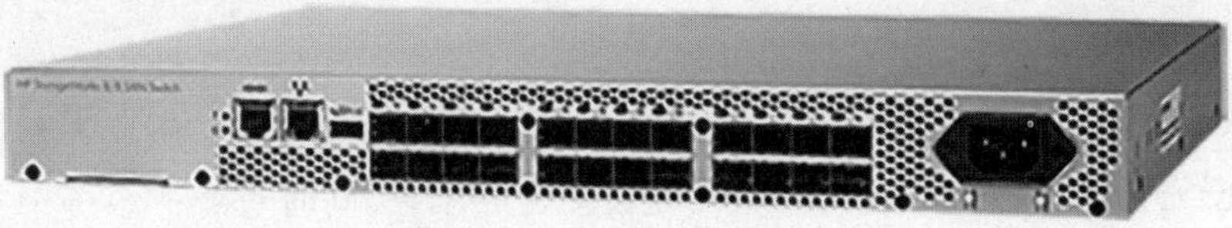

图 2.12　光纤交换机

(2)三层交换机

三层交换机就是具有部分路由器功能的交换机，三层交换机的最重要目的是加快大型局域网内部的数据交换，所具有的路由功能也是为这目的服务的，能够做到一次路由，多次转发。对于数据包转发等规律性的过程由硬件高速实现，而像路由信息更新、路由表维护、路由计算、路由确定等功能，由软件实现。三层交换技术就是二层交换技术＋三层转发技术。传统交换技术是在 OSI 网络标准模型第二层——数据链路层进行操作的，而三层交换技术是在网络模型中的第三层实现了数据包的高速转发，既可实现网络路由功能，又可根据不同网络状况做到最优网络性能，如图 2.13 所示。

图 2.13　三层交换机

4. 金融加密机

(1)金融数据加密机

主要用于各地银行金融信息系统，尤其是对进行跨行交易的 ATM/POS 联网信息系统提供数据加密与安全保护；除此之外，还可广泛用于证券、商贸、邮电、税收、保险等计算机网络系统中，为计算机网络系统提供安全保密数据通信服务，防止网上的各种欺诈行为发生，如图 2.14 所示。

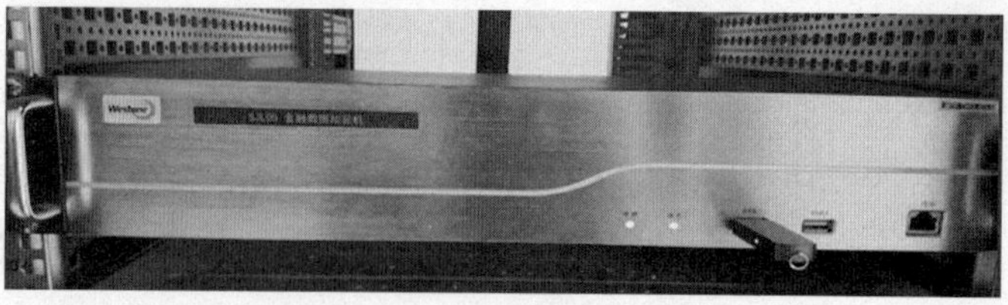

图 2.14　金融数据加密机

(2)金融数据密码机

金融数据密码机是通过国家主管部门鉴定的安全密码设备，为金融业务系统提供数据机密性、数据完整性、数据源认证、抗抵赖等安全密码服务，同时对业务系统中的密钥实施全生命周期的管理，如图 2.15 所示。

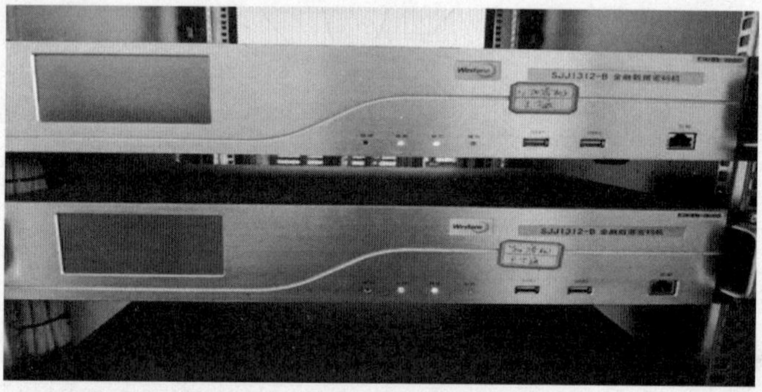

图 2.15　金融数据密码机

5. 不间断电源(UPS)

在 UPS 供电状态下，当蓄电池后备工作时间即将用完时，应能通知相关用电设备自动关机，以免突然断电造成设备损坏。UPS 应保证 24 h 连续正常运行，不间断为 AFC 系统设备供电。监测到 UPS 电源的运行状态，能监控及自动报警，如图 2.16 所示。

图 2.16　不间断电源 UPS

6. 编码分拣机(ES)

ACC设有编码分拣机(ES),具有对车票的初始化、赋值、分拣、校验、注销等功能。编码分拣机车票处理模块应包括控制器、车票传输部件、读写器、分票和堆叠机构、票箱等,如图2.17所示。

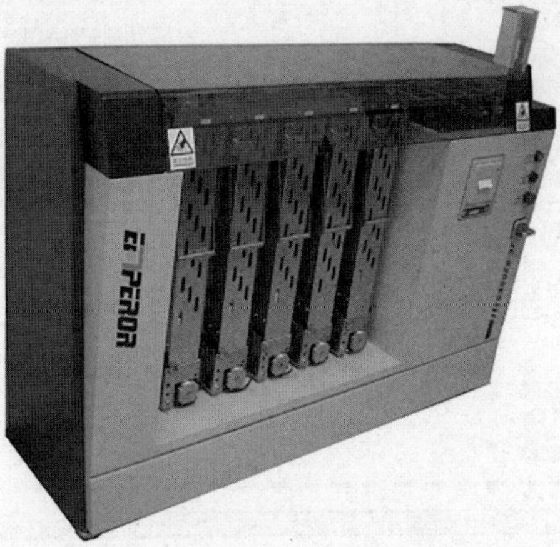

图2.17 编码分拣机外观图

7. 个性化制票设备

实现从空白卡到成品卡制作的整套流程,包括卡表面的印刷及卡内芯片的初始化。用于储值票/纪念票/乘次票/优惠票/员工票等个性化制作。

8. 票卡清洗设备

实现清洁轨道交通专用车票可回收类票卡(单程票),对票卡集中进行消毒。

9. 其他运营辅助设备

包括卡式车票清点机、筹码式车票清点机、票卡清洗消毒机、运送推车、办公家具、测试仪表及专用工具(数字万用表、网络测试仪、便携式计算机)。

2.4 互联网云票务系统

互联网云票务系统主要由两大核心子系统构成,分别是:云清分系统(internet AFC central clearing system,以下简称iACC)和云票务系统(internet ticket platform system,以下简称iTPS)。

iACC安置于生产网内,iTPS组建于专网中,中间通过网闸进行物理隔离并进行数据交换,以符合生产网络对于信息安全保护等级的要求。改造后的终端设备自动检票机(AGM)、半自动售票机(BOM)仍通过原有生产网络接入。

互联网云票务系统整体架构设计如图 2.18 所示。

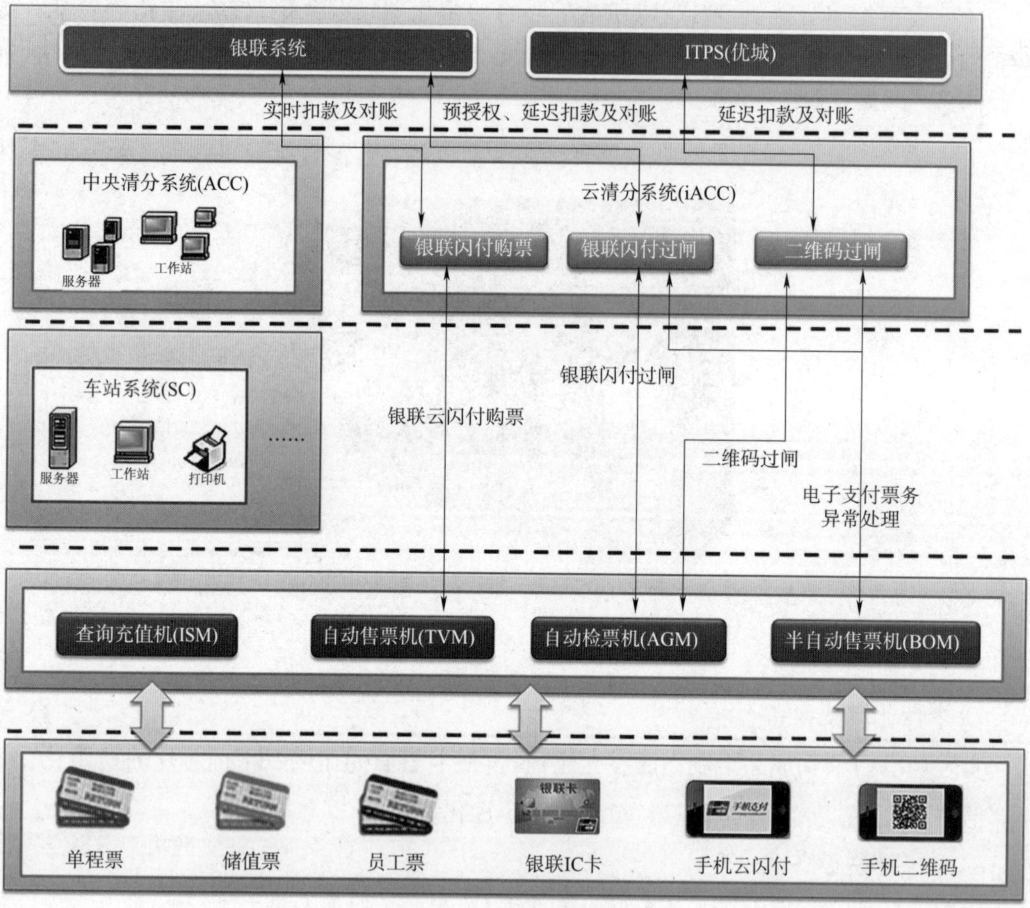

图 2.18　系统架构设计图

互联网云票务系统的整体业务构架如图 2.19 所示。

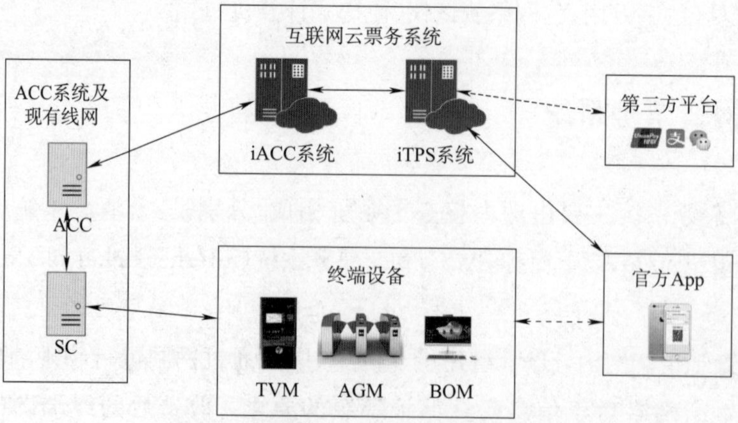

图 2.19　互联网云票务系统的整体业务构架

2.4.1　iACC 系统原理及功能

1. iACC 系统功能

iACC 主要负责对票务相应的系统与终端进行管理，主要包括终端管理、票务交易、数据对接等核心功能，其业务大致分为以下内容：

(1)实现与银联系统之间的业务接口，如密钥传输、预授权扣款申请及扣款确认、预授权扣款撤销、数据对账等。

(2)实现与 iTPS 系统之间的业务接口，如密钥传输、电子卡信息同步、扣款申请、进出站消息推送等。

(3)实现对终端设备发送实时报文的业务处理及数据存储，根据轨道交通业务规则完成对电子支付载体各类异常的逻辑判断、票价计算等。

(4)实现对单边交易处理、统计电子支付结算数据并形成各类对账报表。

(5)实现对清分中心的运营参数同步、电子支付载体扣款数据的同步发送，并完成清分收益对账。

(6)iACC 实现与外部系统之间消息发送及接收，本身并不处理业务。

(7)根据各系统之间约定的接口实现消息报文的解析及封装、通信报文层面合法性判断。

2. 银联云闪付票务处理

根据温州 S1 线票务业务规则，实现银联云闪付票务处理，如票卡有效性检查、重复进站检查、未进站出站检查、超时检查等，并把判定结果告知给终端设备(自动检票机、自动售票机及半自动售票机)。自动检票机根据电子支付业务系统反馈结果决定自动检票机开门与否，自动售票机根据电子支付业务系统反馈结果决定是否发售单程票，半自动售票机显示反馈结果并提示站务人员进行后续操作。

此外，需要定期统计乘客银联云闪付的单边交易数据，发送给银联系统，若单边交易数据超过约定时间后，根据地铁约定规则自动发起扣款申请。

根据银联云闪付票务处理情况，如果乘客银联云闪付符合地铁票务规则，乘客出站扫码时，电子支付业务系统需要计算该银联云闪付票种的票价，出站自动检票机乘客界面显示票价。

3. 银联云闪付过闸业务流程

进闸时，自动检票机实时联机到 iACC、银联系统(实现预授权申请)；出闸时，自动检票机联机到 iACC，但不联机到银联系统。

出站完成后，iACC 计算出票价后，提交扣款申请给银联系统及发卡行系统，银联系统把扣款结果返回给 iACC。

设备离线时,自动检票机不允许进,只允许出。并在自动检票机端本地记录银行卡数据,等网络恢复后,上传数据给 iACC,自动检票机根据 iACC 返回的结果判断是否生成交易。

银联闪付流程如图 2.20 所示。

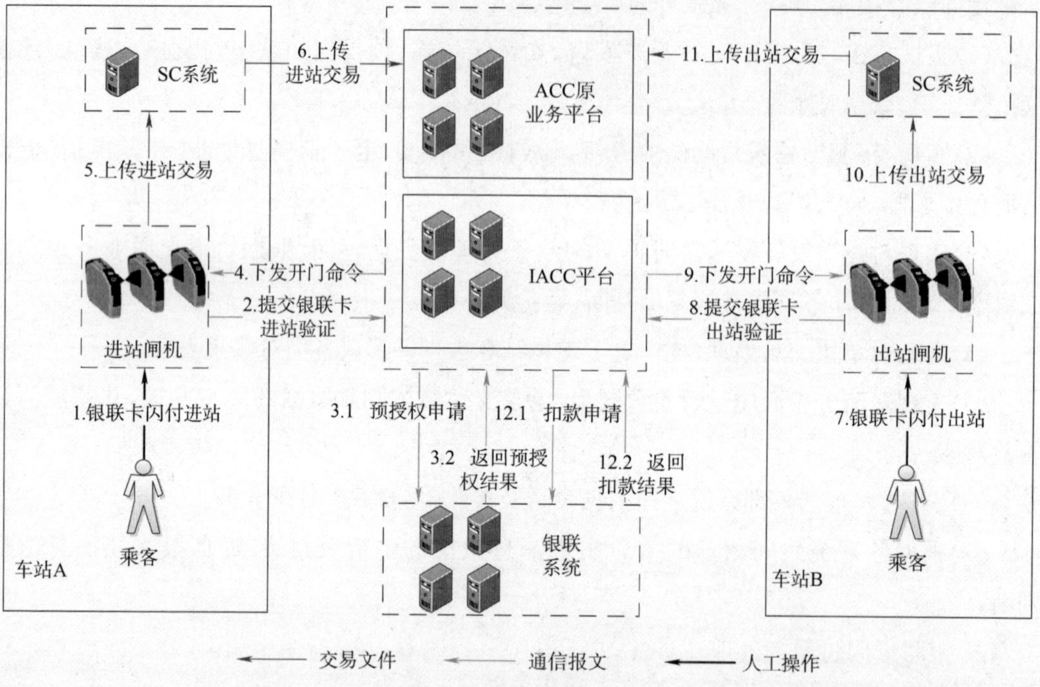

图 2.20　银联闪付流程图

iACC 实现地铁复杂的票务处理,且实现跟银联系统对外通信;半自动售票机面向乘客实现对银联卡票务异常订单及交易进行处理。

2.4.2　iTPS 系统原理及功能

1. iTPS 运行原理

iTPS 系统的建设核心目标是完成互联网票务业务中二维码过闸场景的二维码发码、第三方支付等重要环节。

iACC 系统的 CA 中心产生基于国密标准(SM2)的公私钥对,公钥通过与 ACC 系统的接口采用参数的形式下发到自动检票机端进行保存,以便于二维码的验证。私钥通过与 iTPS 系统的接口推送到 iTPS 系统,iTPS 系统使用推送的私钥实现二维码的票务签名。

用户使用 APP 通过 iTPS 系统注册账户、进行信用支付的绑定(支持银联、微信、支付宝等互联网支付通道的小额免密信用支付),并向 iTPS 系统申请代表用户身份的二维码,

iTPS 系统生成、缓存与管理二维码，二维码本身支持一段时间的离线，iTPS 平台使用经过 iACC 系统产生的私钥进行加密后的二维码信息送至用户 App。

基于该场景，iTPS 系统应建立用户信用支付体系、形成二维码设计与发码方案，iTPS 系统建设应包含用户管理系统、发码管理系统、授权管理系统和与 iACC、APP 的相关接口、与第三方平台系统（发码、支付）的对接管理以及与第三方支付系统（银联、微信、支付宝等）的支付管理系统等功能模块。

2. 二维码过闸流程

用户持 App 二维码向自动检票机展示以进行扫码。自动检票机识别到二维码后，对数据进行解码与验证，基于单进单出的票务业务原则，自动检票机还需上传二维码中用户数据至 iACC 高速缓存模块校验其进出站状态，自动检票机和 iACC 高速缓存对二维码信息验证成功后，即进行允许用户通行的动作，验证不成功则拒绝用户过闸。

3. 交易文件上传与行程订单生成流程

自动检票机在验证成功后，异步将交易数据进行上传，并通过 SC、LCC、ACC 层级上传至 iACC 系统平台上。

iACC 系统接收到交易文件后进行入库动作，入库完成后通过 OD 匹配模块对进出站数据进行匹配计算，生成相应用户的进出站行程订单，并通过票价计算模块计算行程应付票价。

4. 扣费与清结算流程的设计

iACC 系统将产生的行程订单推送到 iTPS 系统上，由 iTPS 系统产生交易订单，并向第三方支付渠道申请扣费，且将扣费结果进行返回与清算。iTPS 系统把交易订单的扣费信息与相应的用户信息通过接口返回 iACC 系统，实现 iACC 系统的订单结算。iACC 系统结算后，将交易回导入 ACC 系统以实现清分与客流统计等功能，如图 2.21 所示。

2.5　车站计算机(SC)系统

2.5.1　功能概述

车站计算机（station computer，简称 SC），一般安装在 AFC 设备室。SC 为车站 AFC 系统的核心部分，可对本车站内部的所有设备进行实时监控，实现对车站 AFC 系统运营、票务、收益及维修的集中管理功能。

SC 可收集、处理车站内各类数据，并上传到 ACC；接收 ACC 下传的各类系统参数，并下载到各车站设备；可接收 ACC 下达系统各类指令，并下传到各车站设备，同时可根据需要自行向车站设备下达控制指令，并将该操作记录上传到 ACC。

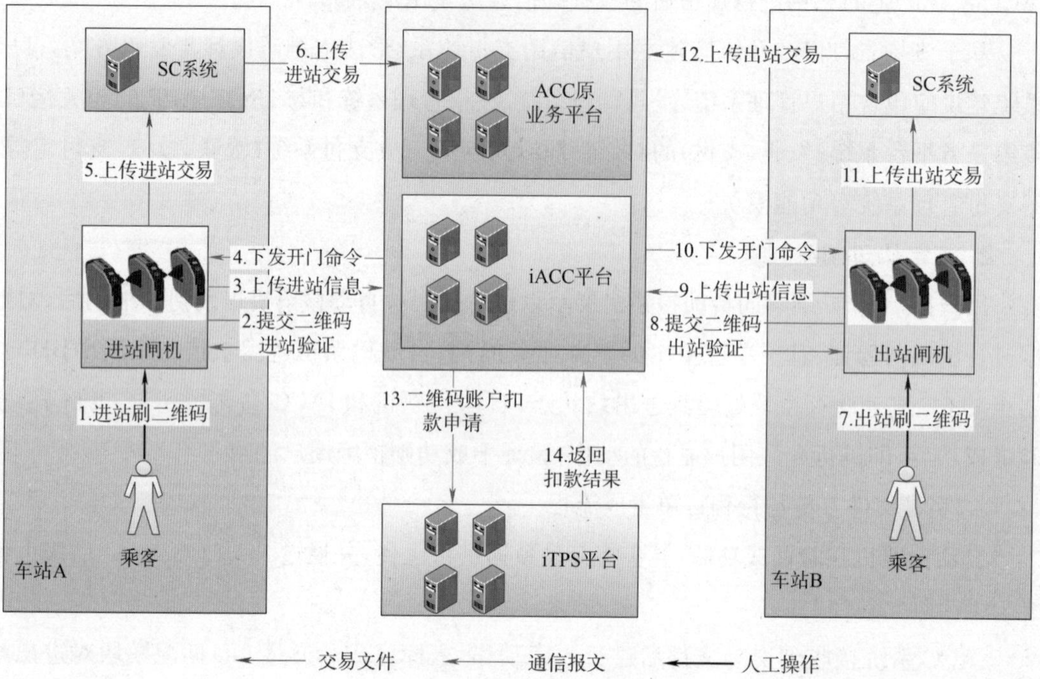

图 2.21　二维码过闸流程图

1. 设备监视管理

(1)SC 服务器负责与站级设备、线路中央计算机通信，处理站级设备数据，实现参数同步。SC 工作站负责监控设备，提供多种查询功能，可查询设备状态、设备数据、客流数据、参数文件及设备运营报表。

(2)SC 能监控车站设备的运行状态，在车站设备状态变化时能自动接收其状态数据，以及按照系统参数设置的查询频率查询车站设备的状态数据。

(3)SC 能模拟车站设备的布置，图形化地监控各车站网络运行情况、设备的通信状态、运行状态及故障情况。在车站设备布局发生变化时，SC 能提供方便快捷的方式修改模拟设备布局图。

(4)当出现状态变化或故障时，能在车站工作站屏幕上准确、实时地显示。

(5)车站工作站能根据状态或故障等级不同，而显示不同颜色，给出报警信息。

(6)SC 能查询单台、一组、一类或全部设备的当日内所发生的状态及故障信息，状态及故障信息包括设备号、状态代码、开始及结束时间、状态描述等。

(7)能分类查询车站设备实时或 30 日内上传的所有原始数据和 3 个月内的设备状态、寄存器数据。

(8)SC能自动记录设备软件版本的变更情况,能查询设备的当前软件版本及版本变更信息。

(9)SC能通过诊断功能选择菜单完成以下检查及测试功能:与ACC及车站设备的通信测试、车站网络测试、与紧急释放终端盒通信测试、打印机测试、操作系统配置检查及其他功能检查。

(10)当储票箱内车票数量满、将满、不足或无车票时,给出提示信息。

(11)SC可以查询单台设备的设备状态、所有故障信息及内部重要部件的运行状态。可一次性查询或显示所有设备的当前状态信息。

2. 设备监视管理

(1)SC能向单台、一组、一类或全部车站设备下达运行控制指令。

(2)车站设备正常服务及关闭模式(或待机)切换。

(3)向双向检票机下达进、出模式指令。

(4)具备远程开关机功能。

(5)紧急模式下的设备控制。

(6)符合级别的管理员可在SC设置临时运营结束时间,临时运营结束时间仅为当日有效,在第二个运营日,系统仍然以正常的运营结束时间结束运营。

3. 客流监视管理

SC能集中统一监视系统客流及车票处理情况。系统能实现以下功能:

(1)SC能选择监视的范围,例如整个车站、一类设备、一组设备、单台设备。

(2)对于所选择的监视范围,系统能实时地给出当前累计客流数据、最近n min客流数据、最近n h内客流数据,n由参数设置。最小时间单位是1 min。

(3)所监视的客流数据至少包括购票、充值客流及进出站处理客流。购票、充值客流数据至少包括总购票、充值人数及各类型车票购票、充值人数。进出站客流数据包括总进出站人数、各类型车票进出站人数、进出站车票处理总人数、进出站无效票处理总人数等。

(4)操作员可以查询或打印当日或以往生成的客流数据。查询可通过多种图形和报表的方式进行。

4. 紧急模式

(1)车站紧急模式触发的来源包括FAS、紧急按钮控制盒、SC(或接受的上位系统命令)。

(2)FAS或IBP盘触发紧急模式时通过控制盒向SC发出触发紧急模式。

(3)控制盒分别与各组检票机通过硬线方式连接。

(4)采取措施避免由于电气干扰或意外断线引起紧急模式的触发、解除或失效。

(5)当触发紧急模式时,SC能记录触发源位置、触发时间和设备动作响应等情况,并将紧急模式的信息发给车站设备并上传ACC。

(6)自动检票机闸门紧急打开状态反馈 IBP 盘及 FAS 系统。

5. 运行时间表

为方便运营管理,SC 可接收 ACC 下传的系统自动运行时间表,也可根据车站具体情况制定本车站系统自动运行时间表,以满足 SC 24 h 连续工作及无人操作的要求。时间表至少包括:

(1)双向检票机进、出模式自动转换时间;

(2)设备自动开关及暂停服务时间;

(3)运营开始/结束时间;

(4)统计报告自动生成时间。

6. 收益管理

SC 自动对车站设备、车票、现金及班次数据进行统计。

(1)实时监控车站设备内钱箱现金量,在现金存量不足、空、将满及满的状态下自动给出提示信息。

(2)操作员可实时查询车站设备内现金存量;票务工作站上将运营开始前对售票设备所配的备用金额输入并上传;在运营中将当天的钱箱清点情况、备用金的增减情况、车站备用金等数据输入上传;在运营结束后,系统根据已有的数据生成车站现金管理报表。在运营中,系统能提供即时查询的功能。

(3)操作员可查询自动检票机、查询充值机、半自动售票机和自动售票机。最新的 n(由参数设置)条交易处理数据,数据内容至少包括交易时间、车票编号、车票类型、使用设备、上次使用设备、交易类型、车票余额、发生交易额等。

(4)在运营结束时,SC 能自动生成当天车站设备收益报告。

(5)操作员可查询最近 30 日的车站及设备的收益报告。

(6)在运营结束后,SC 能根据设备数据、现金核算数据生成车站收益报告。

7. 软件更新

(1)SC 能接收 ACC 下载的设备更新软件,具备自身及通过车站网络对车站设备的软件更新功能;当 SC 与 ACC 通信异常时,ACC 可通过外部媒体将软件更新信息导入到 SC(SC 具备数据导入接口)。

(2)软件在设定日期生效,或设备重新启动时生效。当设置软件版本项为忽略时,旧版本软件仍然有效,即此时旧版本软件能取代新版本软件而生效。在此过程中防止对设备所保存原始数据的改写。所有通过 SC 下达的设备软件更新,在 SC 中都要保留历史记录,以供查看。

(3)SC 能定期检查车站设备的软件版本,在版本不符时发出警告,并可设置为自动或人工确认后自动更新软件。检查周期参数由 ACC 设置并下传。

8. 参数管理

SC 能接收 ACC 下达的系统参数，同时将参数下达到相关车站设备。

SC 参数管理能实现以下功能：

(1)正确接收、确认并保存 ACC 所下达的系统参数。

(2)将系统参数下载到相关车站设备。若与车站设备通信中断，在恢复通信时能自动更新车站设备的系统参数。

(3)SC 每日能自动确认所保存的系统参数是否与车站设备一致，如不一致将自动更新车站设备参数。

(4)SC 所保存的系统参数在设置的参数生效时间能进行自动生效。所有系统下达的系统参数都要保留在 SC，符合级别的操作人员可以查看所有参数的详细内容但不可以更改参数的任何内容，操作人员级别由 ACC 设定。

(5)操作员可查询或打印 ACC 下发的系统参数。

2.5.2　车站计算机系统结构

1. 车站计算机网络结构

车站 AFC 系统中使用的是应用较广的环形网络拓扑结构，其次是星型拓扑结构。环型网络结构中交换机与交换机之间使用光纤相连，车站 AFC 终端设备与交换机使用双绞线相连。交换机与交换机的连接，是以 AFC 设备室里 SC 机柜内三层交换机为起点，同站厅层终端设备内二层交换机串联在一起，首尾相连串起来形成一个环形网络。线路 AFC 系统数据汇聚节点与 SC 之间网络采用通信专业提供的传输网(提供主备通道)/1 000 Mb/s 以太网，SC 本地网络采用 1 000 Mb/s 工业以太环网。ACC 与灾备系统及综合维修基地各系统、各车站 SC 间共享数据传输通道，如图 2.22 和图 2.23 所示。

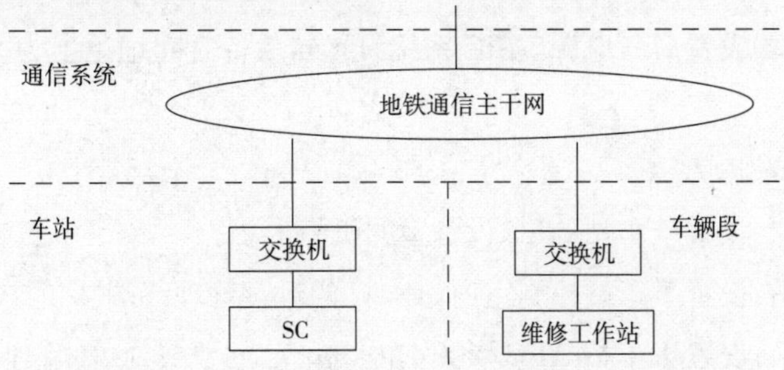

图 2.22　ACC 与各车站 SC、车辆段维修系统间通信接口示意图

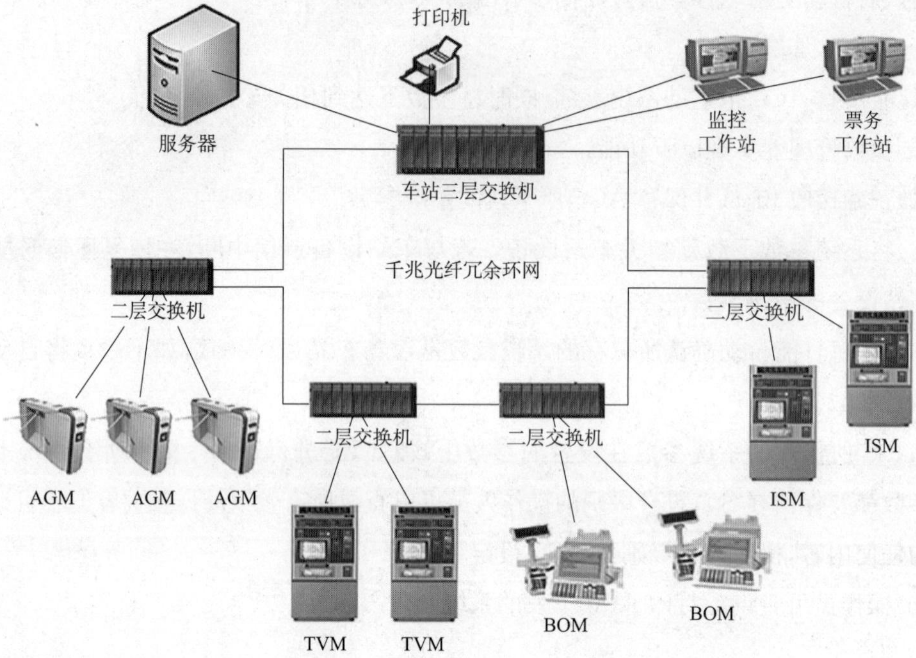

图 2.23　车站计算机 SC 网络图

2. SC 配电系统结构

以温州市域轨道 S1 线为例，车站 AFC 系统设备供电系统为双路供电，为一级负荷供电，保证了供电的安全性。其中一路为车站 AFC 设备室 SC 系统机柜设备由上级交流配电屏供电，由 UPS 主机和后备蓄电池保障车站 AFC 系统 SC 服务器和网络设备等用电安全。

另一路为站厅层 AFC 终端设备由 AFC 专用配电箱供电，提供 AGM、TVM、ISM、BOM 等终端设备使用供电，且在终端设备内安装小型后备蓄电池，保障终端设备完成最后一笔交易。

所有终端设备均设置后备电源（AFC 系统设置），后备时间理论上为 30 min，如图 2.24 所示。

3. SC 硬件设备组成

（1）车站服务器：设置于车站 AFC 设备室的机柜内。

（2）监控工作站：设置于车站控制室内，是 SC 的运营管理终端。

（3）票务工作站：设置于车站 AFC 票务室内，是 SC 的票务、收益管理终端。

（4）维修工区工作站：设置于维修工区站 AFC 维修室内，是维修工区所辖车站各设备的维修管理终端。

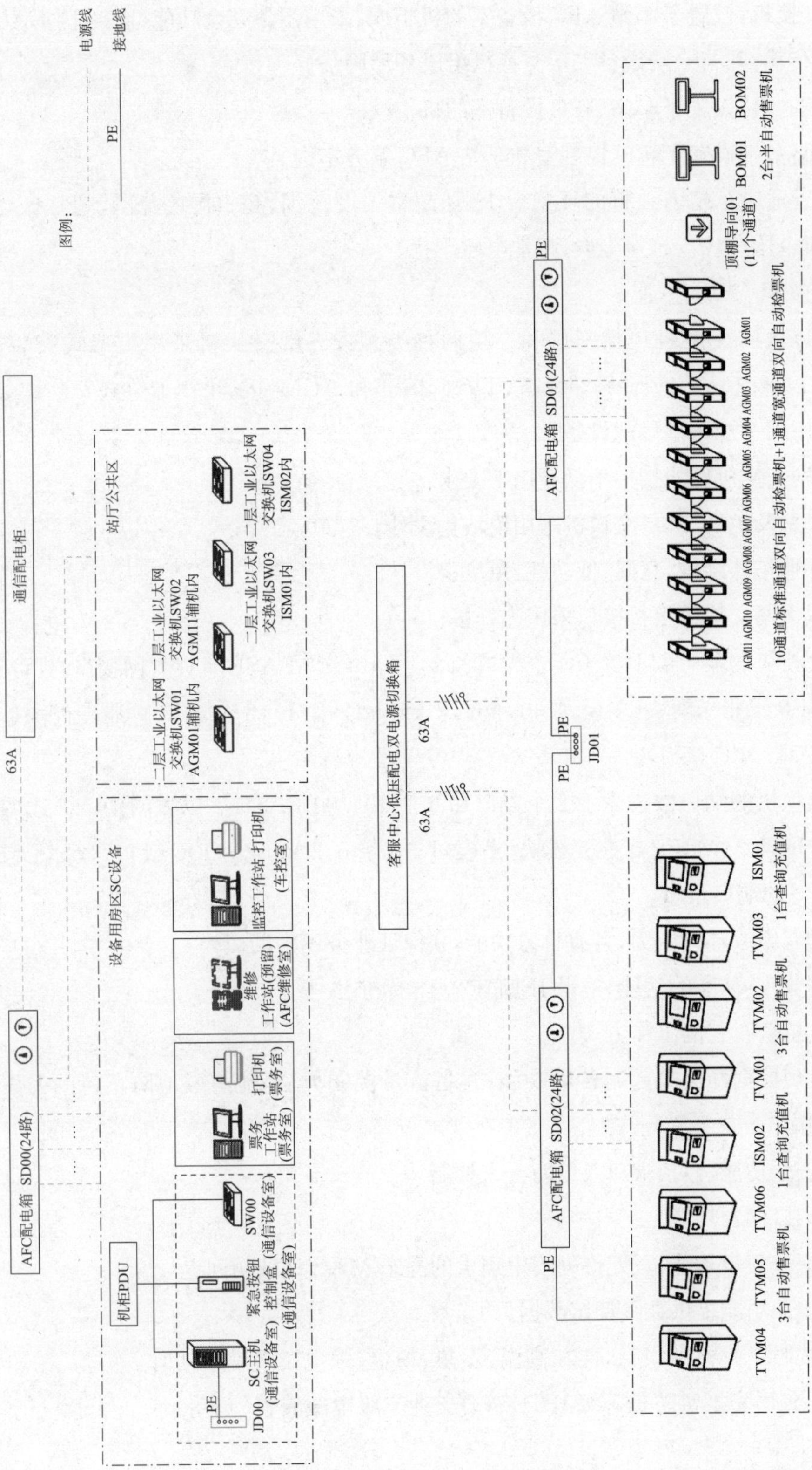

图 2.24　车站 SC 配电系统图

(5)三层交换机:设置于车站 AFC 设备室的机柜内,采用主备冗余功能,连接上级 ACC 系统主干网络传输,并与终端设备二层交换机组成环形网络。

(6)紧急控制盒:设置于车站 AFC 设备室的机柜内。

(7)打印机:分别设置于车站控制室和车站 AFC 票务室内。

(8)SC 设备适应车站内独特的环境要求,如超常温度范围、超常湿度范围、超常振动/抖动、超常瞬时电压/电流、超常尘埃、超常电磁干扰。

4. 车站交换机(二层、三层)

车站工业以太网交换机包括三层和二层两种类型。三层交换机采用机架式安装在 AFC 机柜内;二层交换机安装在终端设备(TVM、ISM 和 AGM)内,采用卡轨式安装;二层交换机必须采用同一规格型号的设备。

工业以太网交换机性能指标不低于以下要求:

(1)方便配置及扩展,三层交换机采用模块化设计。

(2)采用环形拓扑结构,宽温、低功耗、免风扇设计。

(3)工业以太网交换机上行接口采用光纤接口。

(4)三层交换机的端口数不少于 4 个光口和 24 个 10/100 BASE-T 以太网接口,且可扩展;配备 2 个 SFP 千兆光模块(多模,1 300 nm,2 km,LC 接口),2 个 SFP 百兆光模块(多模,1 300 nm,2 km,LC 接口)。

(5)二层交换机的端口数不少于 2 个光口和 6 个 10/100 BASE-T 以太网接口,M12 接口类型;并至少配备 2 个 SFP 千兆光模块(多模,1 310 nm,2 km,Q-ODC 接口);每个交换机至少预留 20%的端口余量。

(6)设备具有组成环网能力,且有自愈功能,并保证业务不中断。

(7)具有划分 VLAN 的功能,遵循 IEEE802. 1q 标准。

(8)能够支持全双工的工作方式。

(9)具有处理数据冲突及超时传输功能;具备流量控制方法,能有效地防止包的丢失。能抑制广播风暴。

(10)具有安全功能,包括端口及组防侵入控制。

(11)支持端口耦合功能。

(12)提供端口锁定功能,只允许列表中预设的静态 MAC 地址访问。

(13)端口镜像功能提供在线调试数据。

(14)产品按照工业标准设计,能在高温、湿热、粉尘、强电磁环境中工作。三层交换机 IP30 防护等级,二层交换机防护等级 IP54,符合工业三级电磁兼容的要求。

5. 紧急控制盒

紧急控制盒安装位置在设计联络阶段确认，作为IBP盘控制车站AFC系统进入紧急模式的关键设备具备以下功能：

(1)采用AC 220 V供电，50 Hz。

(2)在紧急按钮控制盒断电的情况下，仍能具备通过IBP盘紧急按钮控制车站AGM扇门全部打开功能。

(3)AGM扇门紧急打开的反馈端口数量，能满足车站AGM布置的实际需要，同时满足2个端口的预留条件。

(4)SC服务器能记录不同的IBP盘输入端口(开关量)的状态，并能对其存储记录，如图2.25所示。

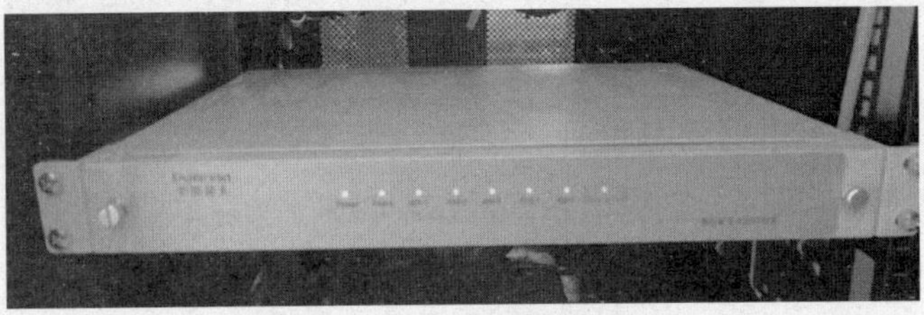

图2.25　紧急按钮控制盒

工作模式见表2.2。

表2.2　紧急控制盒工作模式

序号	项　目	描　述
1	单机运行	当按下紧急按钮后，AGM能进入紧急模式； 释放紧急按钮，AGM恢复正常模式
2	火警联动	由火警监测系统无源接点进入紧急模式； 释放火警联动开关，AGM恢复正常模式
3	共线运营联动	由与之相连接的共线车站发送

2.6　自动售票机(TVM)

2.6.1　功能概述(以温州市域轨道S1线为例)

自动售票机(Ticket Vending Machine，简称TVM)，放置在车站非付费区，供乘客自助使用，完成轨道交通车票售票功能，可进行硬币、纸币识别和储存，硬币、纸币找零。TVM是由乘客显示触摸屏、运行状态显示屏、票卡发售单元、纸币处理单元、纸币找零单元、硬币处理单元、维护打印机、维护面板、电源模块、主控制单元等独立部件组成，它们通过相应线缆进行连接。

当与车站计算机系统通信中断时，自动售票机具有孤岛工作和数据保存能力。自动售票机配备大容量存储设备，设备能至少保存最近 7 d 的设备数据。在通信恢复时，能将保存的交易数据及时上传给车站计算机。自动售票机采用 DOM 盘保存交易数据及其他所有运行数据，当系统通信中断时可以通过离线数据导入导出功能将数据导出到车站计算机。

TVM 的主要功能有：

(1)接收硬币、纸币及购买单程票。具有一次交易可发售单张或多张单程票以及硬币找零功能(需由车站操作人员在设备开始运营之前补充一定数量的硬币)。

(2)乘客显示屏显示轨道交通线路、票价等信息，并配有触摸屏，乘客根据相关指引选择目的站点或票价购买单程票。乘客可通过触摸屏上选择目的车站(并默认设备所在车站为乘客的起始站)，乘客显示屏将显示乘客所选到达目的地的票价，且默认购买单张车票，可选择购买 1 张或多张，相应的收费金额显示在乘客显示屏上。

(3)乘客投入的硬币及纸币金额将显示在乘客显示屏上，当投币金额大于或等于所需车费时，设备即开始发售车票并找还硬币或纸币。

(4)未支付足够费用前，乘客可按取消按钮中止正在进行的交易。当乘客购票过程，超过规定时间未完成交易，TVM 将自动取消交易，取消交易时，返还已投入的硬币及纸币。

(5)能发售的票种、车票票价表均由中央系统下载参数设置。

(6)通过状态显示屏实时显示 TVM 的状态，如正常服务、暂停服务、只接收硬币、只接收纸币、无找零模式等。

(7)TVM 通过局域网与 SC 相连，能实时上传交易数据、设备运行状态和接收 SC 下发的命令和参数。

(8)TVM 已在传统现金购买单程票的基础上，支持多元化支付，温州市域铁路 S1 线 TVM 多元化支付支持银联闪付、市民卡、聚合码。

2.6.2 TVM 硬件设备结构组成

TVM 结构可分为外部结构和内部结构，设备的部件组成一般包括主控单元、车票发售模块、纸币处理模块(部分含纸币找零功能)、硬币处理模块(部分含硬币循环找零)以及乘客界面相关的触摸屏、状态显示屏等。国内各城市设备的结构差异，但是原理相似。本节以国内某地铁的设备为例进行讲述。

TVM外部结构的主要部件在乘客购票时需要使用，包括乘客显示屏、硬币纸币投币口、储值卡口、找零取票口等，TVM外部结构主要包括乘客显示屏、运营状态显示器、硬币纸币投币口和找零取票口等模块，主要为乘客提供各种购票信息指引，如图2.26～图2.28所示。

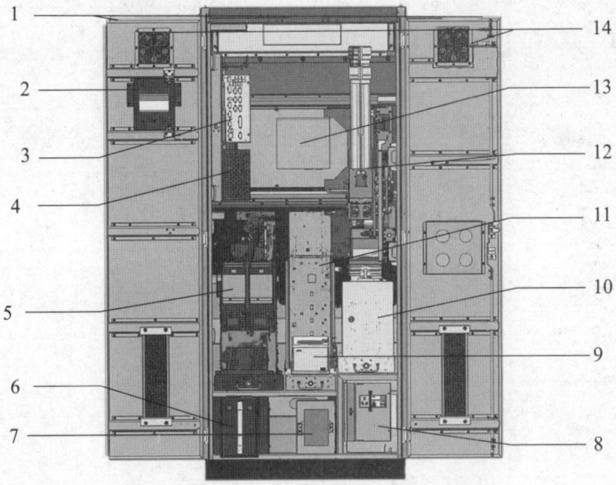

1—维护门；2—维护面板；3—主控单元；4—I/O控制板；5—硬币循环找零模块；6—硬币钱箱；7—终端二层交换机；8—电源模块；9—维护打印机；10—纸币找零模块；11—纸币接收及识别模块；12—单程票发售模块；13——体化触摸显示屏；14—散热风扇。

图2.26　自动售票机设备外观图

图2.27　自动售票机TVM设备实物图

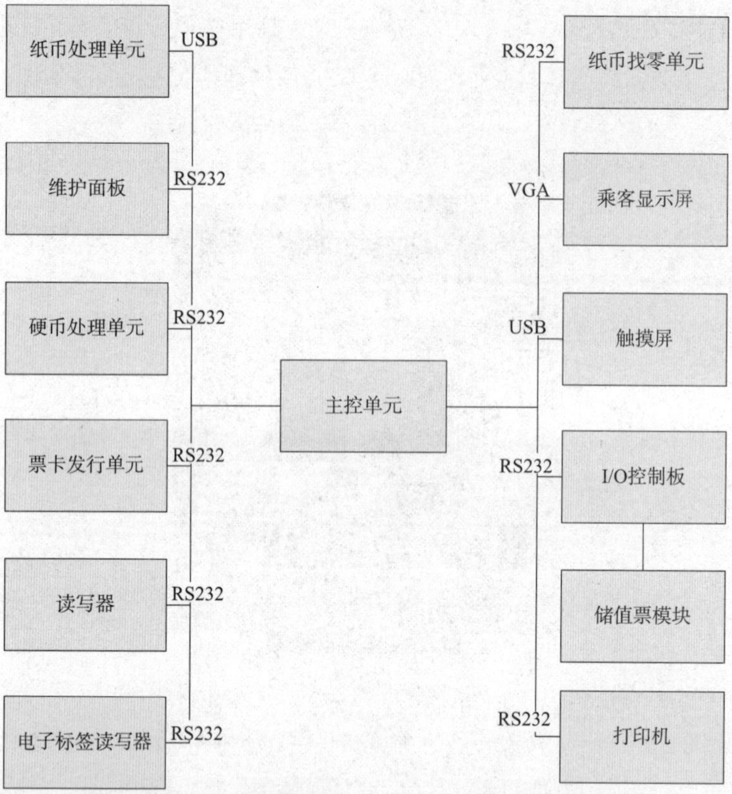

图 2.28　自动售票机主要设备与主机信号连接图

TVM主要模块及模块性能指标见表2.3和表2.4。

表2.3　TVM主要模块功能

序号	名　称	功　能
1	主控单元	负责控制设备的运行模式，负责各种数据的存储及与SC通信用的数据处理
2	纸币接收识别模块	接收纸币和鉴别假币及对鉴别后的纸币进行临时存储和返还，或者存到纸币箱中
3	纸币钱箱	对接收的纸币进行回收存储
4	纸币找零模块	对乘客投入的纸币进行找零
5	纸币找零钱箱	存放找零纸币的钱箱
6	硬币处理模块	接收硬币，鉴别假币，临时存到暂存器单元(Escrow)内，并具备找零功能
7	硬币找零箱	找零硬币存储箱
8	一体化触摸屏显示器	目的地选择、购票以及充值等所需基本按键操作，显示用户提示语句，并显示各种视频内容
9	运营状态显示器	为乘客购票提供提示信息，以汉字和英语显示当前自动售票机的运行模式和操作模式

续上表

序号	名　称	功　能
10	打印机	提供设备状态、交易、结算小单打印
11	维护面板	为操作人员显示操作菜单，显示整机及各个功能模块的工作状态
12	单程票发售模块	乘客通过选择购票及投币后，发卡模块能自动完成供票、赋值、检票及出票的处理过程
13	票箱	存储发售模块的票卡
14	读写器	对票卡进行读写
15	硬币回收钱箱	硬币模块清币后硬币保存于此
16	电源模块	安全供给 TVM 内部必要的直流及交流电源
17	I/O 控制板	监控各种开关到位、模块指示灯、报警器

表 2.4　TVM 主要模块性能指标表

序号	项　目	性 能 指 标
1	物理尺寸	不大于 800 mm(宽)×850 mm(深)×1 800 mm(高)
2	输入电源	AC 220×(1+10%)～220×(1−15%) V,50×(1±4%) Hz
3	单张车票处理时间	≤1 s,包括送票，编码到出票的过程(不包括硬币或纸币识别和找零时间)
4	使用硬币(无找零)购单张车票的时间	≤3 s
5	硬币处理单元	能识别至少 8 种规格或面值的硬币；硬币尺寸：直径 15～31 mm，厚度 1.5～2.4 mm；假币识别率：99.9%；硬币检测准确率≥99%；识别速度：10 枚/s；硬币暂存器：可保留两种各 35 枚。可靠性：MCBF≥150 000 次：MTBF≥7 年，MTTR≤30 min；使用寿命≥1 000 000 枚硬币；通信接口：RS232、RS422 或者其他工业标准。使用单张纸币购单张车票的时间≤6 s
6	纸币处理单元	单张纸币的识别时间≤1 s；纸币首次插入识别率≥96%；纸币检测准确率≥98%；假币识别率 100%；卡纸币率＜0.005%(8 成新人民币)可靠性：MTBF≥18 000 h、MTTR≤30 min
7	整体可靠性	MCBF≥70 000 次，MTTR≤30 min
8	平均购票速度	不小于 5 人/min
9	触摸屏可靠性	MTBF≥20 000 h
10	车票票箱存储容量	≥1 000 张/盒
11	与车站计算机的通信速率	100 Mb/s
12	整体性能	购买单张车票(无找零)的时间≤6 s；单次购买车票(最大找零、最多车票)的时间≤15 s

2.6.3　主要模块介绍

1. 纸币接收识别模块(图 2.29)

以温州市域轨道 S1 线为例，纸币处理单元选用 MEI BNR4-00M 产品。

1)模块介绍

(1)交易处理。

(2)数据管理。

(3)自动报警。

(4)接受乘客的购票选择,并在购票过程中给出提示信息及操作指导。

(5)可以接受乘客投入的现金(或储值票、信用卡等其他付费介质)并自动完成识别,对无法识别的现金予以退还。

图 2.29　纸币接收及识别模块

(6)自动计算乘客投入的现金数量及购票金额,自动找零。

(7)自动完成车票校验、车票发售及出票。

(8)对各部件的工作状态进行自动监测,并向车站计算机系统上报工作状态。

(9)接受车站计算机系统下发的参数和控制命令,并执行相应的操作。

(10)存储并上传交易信息。

(11)对本机接收的现金及维护操作进行管理。

(12)能接收从 1 元到 100 元的第四版、第五版和以后新发行版本全币种人民币,并可通过用户参数修改增加设置新纸币种类。

(13)能接受至少 60 种不同纸币参数设置,纸币可以 4 个方向任意插入而不影响其检验的正确性。

(14)可以自动纠偏进入币口角度不适的纸币,避免在传输通道中卡币。

(15)采用光学等多种复合识别专利技术,通过对纸币整面进行扫描和穿透与反射识读,可拒收“拼接币”和“重叠币”等真币,可完全拒收假币。

(16)在交易取消时可“原币返还”;暂存的纸币最多为 15 张。

(17)具备高接收模式和高安全模式;在市场有假币风险时,可以设置更高的安全级别,来保证在纸币数据升级前,不会接收到更多的该类型假币。

(18)钱箱容量 1 400 张,纸币在钱箱内自动堆叠。

(19)当钱箱从 TVM 的存放座上取走时,钱箱的入币口能自动关闭,防止更换钱箱时接触到钱币。

(20)钱箱的外壳采用聚碳酸酯硬质轻型材料,具有独立的安全锁。

(21)识别器和钱箱具有独立的电子 ID。

(22)纸币识别模块的光学识别等核心部件在设计使用周期内正常工作,不需进行校准等后期维护保养工作,维护保养费用较低。

(23)软件协议与目前金融机构自动取存款机的软件协议相同,并提供USB接口。

(24)具备远程下载、升级和监控功能。

(25)全开放式的纸币传输通道,易于清除卡币同时保证钱箱中的现金安全,真正实现了在现场及时处理故障及维修。

2)技术规格(表2.5)

表2.5　纸币接收识别模块技术规格表

项　目	技　术　规　格
纸币输入	依次送入单张纸币
可识别纸币种数	60种;240面(每种4面)
纸币插入方向	支持4个方向
真币平均首次接收率	≥98%
假币拒收率	≥99.99%
纸币长度	120~182 mm
纸币宽度	60~83 mm
纸币处理速度	1.8 s/张
传送速度	1.75 m/s检测时;0.44 m/s复位时
可接收的纸币大小	宽60~83 mm,长120~182 mm
暂存	15~20张纸币
通信	USB
通信协议	XFS
通信速度	1.2 Mb/s
主电源	24.0×(1±10%) V DC,5 A
最大功率	240 W
运行温度	0~60 ℃
存储温度	−40~70 ℃
空气湿度	10%~90%无冷凝
MTTR	≤30 min

2. 纸币找零模块

以温州轨道交通S1为例,纸币找零模块采用F53型纸币找零模块。

纸币找零模块,可以向外输出找零用的纸币,与硬币处理模块共同实现找零功能。纸币找零模块一般采用轻巧紧凑的外形,多钱箱出钞的模式。F53纸币找零模块的标准配置为2个找零箱和一个独立的废钞回收箱,支持2种币种同时出钞。F53纸币找零模块的钱箱配备安全锁,具有高度可靠的安全性,每个钱箱容量达到500张。此外,纸币找零模块应满足实时监测钱箱内剩余纸币情况的要求,如少、空等状态,并可通过主控单元将上述状态上送至 SC，如图 2.30 所示。

图 2.30　纸币找零模块

1)模块介绍

(1)纸币找零模块用于实现自动售票机向乘客提供纸币找零的功能。

(2)纸币找零模块具有钞票自学习功能，自动记录钞票的厚度信息，且具有日志记录及查询功能。

(3)纸币找零模块具有模块脱机自诊断功能，方便调试。

(4)纸币找零模块对各种钞票适应能力强，能适应现有市面流通和今后发行的各种纸币。对钞票的长度、厚度、宽度可根据需要微调，具有可适应性。

(5)纸币找零模块的找零钱箱可检测将空和空状态，将空状态可通过参数设置和调整。

(6)纸币找零模块具有可选的高安全性带锁与带铅封的钱箱及回收箱，具有 RFID，可方便灵活的存储各种需要的信息，易于系统化管理。

(7)配置 2 个纸币找零钱箱，并至少可扩充至 4 个钱箱，每钱箱不少于 500 张的钞票容量。

(8)纸币找零模块带有回收箱，对单张不合格钞票回收，最少容量为 20 张。

(9)出钞速度不少于 2 张/s。

(10)出钞方式为整叠或单张出钞。

(11)纸币找零模块的常用备件便于更换。

(12)通信接口：RS232/USB(可选)。

(13)可靠性：MCBF≥5 000 次；MTTR≤30 min；MTBF≥4 000 h。

(14)钱箱带有安全锁装置，可防止更换钱箱的操作人员接触到钱币。必须使用单独的钥匙将钱箱盖打开才能取出所保存的现金。纸币找零模块符合如下增加可识别纸币种类要求。

F53 纸币找零模块含有八种传感器：钱箱到位传感器 SET，斜钞传感器 FDLS1 和

FDLS2，少钞传感器NES，出钞传感器BPS，判定传感器DFSS，回收传感器REJS，厚度传感器DFCS。

2)技术规格(表2.6)

表2.6 纸币找零模块技术规格表

项目	技术规格
模块尺寸(宽×深×高) (两钱箱标配时)	160 mm×351 mm×330 mm
钱箱尺寸(宽×深×高)	116 mm×216 mm×98 mm
钱箱容量	60 mm 每个钱箱可装纸币500张
维护方式	2种：前端维护；后端维护
钱箱个数	标准配置2个钱箱； 可扩充至6个钱箱
出钞速度	2张/s
取款张数/笔	20张纸币/笔(推荐值)
产品标准	UL，TUV认证
废钱箱容量	约20张废钞
少钞传感器	固定传感器 (少钞感应张数约40张)
接口	RS232
电源	+24V DC Max：7 A
温度	工作状态0～40 ℃ 停止状态5～50 ℃
相对湿度	工作状态10%～95% 停止状态8%～95%

3. 硬币循环找零模块

硬币处理模块用于接收和识别乘客投入硬币和找零。包括硬币接收识别模块、硬币回收箱、硬币暂存器、找零模块(包含补币箱和循环找零钱箱等)，每个硬币钱箱设置一电子编号和一物理编号加以识别。温州市域轨道S1线为例，硬币循环找零模块采用ESM-2500，如图2.31所示。

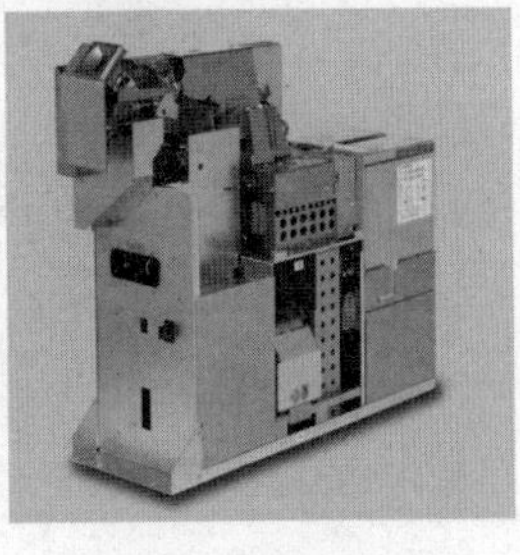

图2.31 硬币循环找零模块

1)模块介绍

(1)采用先进的电磁识别技术，识别精度最高，特别是对最难识别的游戏币如：飞马、牛头、富贵花等币种识别能力强。

(2)识别器只对真伪币进行分辨,不需分币。本循环模块配有专门的分币装置,分币简单准确。识别器的识别速度可达 10 枚/s,处理速度快。

(3)识别硬币种类:至少 2 种不同面额的我国流通硬币,包括第四版和第五版人民币的硬币,补币和找零用 1 元和 5 角,可接收 1 元和 5 角购票。

(4)识别原理:通过外形、重量、材质的电磁方式来进行面值和真伪判别,有高度的防伪功能,硬币检测准确率大于 99.9%,硬币识别器的识别速度≥10 枚/s。

(5)硬币模块配置硬币补币钱箱和硬币回收钱箱。

(6)硬币处理模块具有暂存器,可一次接收不少于 70 枚硬币。当交易中止或乘客取消交易时,已投入硬币原币返回乘客,交易成功后,可以通过循环找零设置,规定投入的硬币是用来循环找零,还是直接进入硬币回收钱箱。当允许循环找零时,投入硬币用来循环找零。当乘客取消购票操作时,乘客投入的硬币原币退还给乘客;当乘客确认购票后,接收的硬币进入循环找零箱,循环找零箱满后多余硬币压至回收钱箱。硬币处理模块的找零速度≥5 枚/s,如图 2.32 所示。

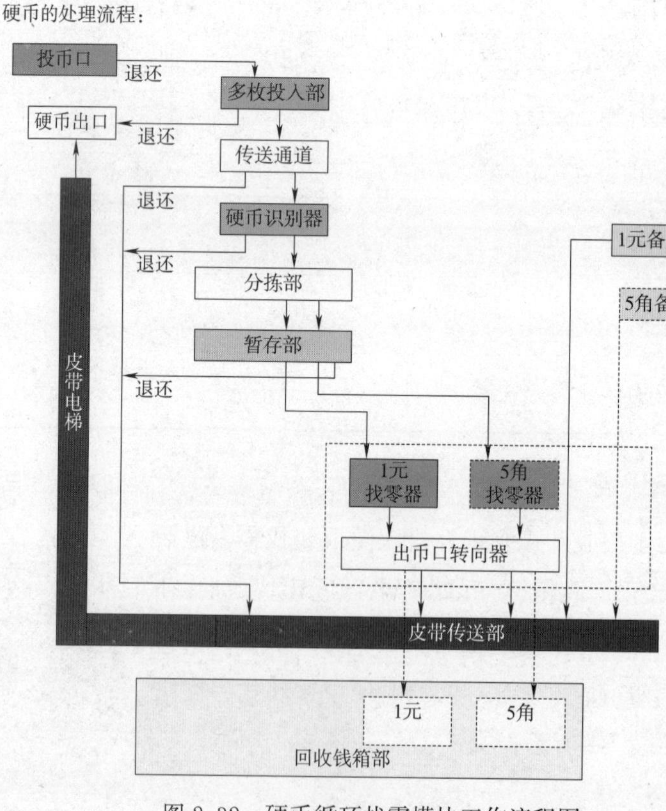

图 2.32　硬币循环找零模块工作流程图

(7)硬币处理模块具有 2 个硬币循环找零箱(1 元硬币容量不小于 700 枚,5 角硬币容量不小于1 000枚)。接收的硬币首先进入循环找零箱,找零硬币从此箱排出(图2.33和图2.34)。

图2.33　硬币1元、5角暂存部

图2.34　1元、5角循环找零箱子

(8)支持单次多枚混合币种投币。

(9)硬币循环找零模块的结构设计能对乘客投入的无效币直接退回到找零/取票口。

(10)硬币循环找零模块另设专门用于补充找零的后备找零箱,能存储不少于700枚1元硬币和1 000枚5角硬币。找零箱由操作人员用专用加币箱进行补充硬币操作,找零装置和加币箱带专用锁和锁紧设计,避免操作人员可直接接触硬币。找零装置可准确监测找零硬币的数量,当达到设定值时(TVM设备参数设置),会自动向车站计算机发送信息,TVM设备按要求自动切换运作模式,见表2.7。

表2.7　硬币循环找零模块运作表

<table>
<tr><th>项　目</th><th colspan="2">规　格</th></tr>
<tr><td>基本工作</td><td colspan="2">进款:(投币口)→进款计数部→暂存部;
收纳:暂存部→循环找零部;
退出:暂存部→出款运送→出币口;
出款:备用找零箱→出款运送→出币口;
循环找箱→出款运送→出币口;
回收:循环找箱→硬币回收箱;备用零钱箱→硬币回收箱</td></tr>
<tr><td>处理面值</td><td colspan="2">(1)进款2面值:1元,5角;
(2)出款1面值:1元,5角;
(3)备用零钱箱2面值:1元,5角</td></tr>
<tr><td rowspan="3">硬币收纳量</td><td>循环找零箱</td><td>1元:700枚;
5角:1 000枚</td></tr>
<tr><td>备用零钱箱
(标准1台)</td><td>1元:700枚;
5角:1 000枚</td></tr>
<tr><td>硬币回收箱</td><td>至少2 000枚</td></tr>
</table>

续上表

项　目	规　格	
构成模块	投币口	(1)一次投入复数枚的方式； (2)一次多枚投入枚数：15 枚
	流出部	(1)斜向并列流出方式； (2)残留异物通过光电传感器来查出； (3)从投入口放入的异常硬币、异物通过退出动作而退出
	送入口	排除变形硬币
	分类部	以硬币外圆周的光滑外形来识别
	硬币识别器	(1)识别面值：1 元，5 角； (2)识别方式：电磁识别方式； (3)有下载软件的功能
	暂存部	(1)通过闸门区分的方式； (2)取消指示时，将现有硬币退出
	循环找零箱	(1)转动 hopper 方式； (2)找零速度：约 5 枚/s 以上； (3)面值类别上有钱箱(1 元，5 角)； (4)盒式的最大检测为光电传感器＋软件平台的双检测
	后备找零箱	(1)具有配套检测功能，插拔方式； (2)钱箱 hopper 方式
	出款部	(1)通过出款运送皮带，提高升降； (2)硬币从出款口出来

(11)硬币循环找零模块带有 1 个硬币回收箱、2 个循环找零箱、2 个硬币补币箱，用于储存硬币。硬币钱箱满足：硬币回收箱能存放至少 2 000 枚 1 元硬币。

(12)钱箱具有唯一的电子编号。钱箱电子编号能保证稳定、迅速、准确地被读出。

(13)硬币回收箱带有安全锁装置，当钱箱从 TVM 的存放座上取走时，钱箱的入币口能保证自动关闭，防止更换钱箱的操作人员接触到钱币。必须使用单独的钥匙打开钱箱盖，才能取出所保存的现金。

(14)TVM 可监测硬币钱箱内现金将满及满的状态，同时钱箱内允许保存硬币数量的上限可通过参数设置。

找零机转盘为金属材质结构，不易磨损变形，使用寿命长。

通过底部金属转盘将钱箱中的硬币找出，计数准确，清空彻底，不留残币。如找零机计数不准以及清空不彻底可使 AFC 的票务系统的交易完整性难以保证，导致后台监控稽查系统缺乏公信力，财务监管出现重大漏洞，如图 2.35 所示。

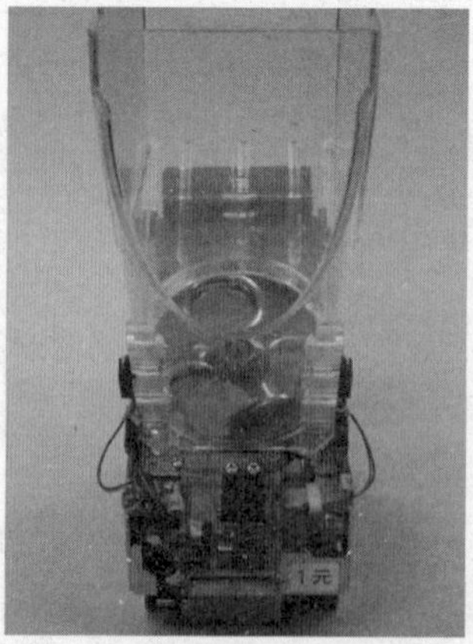

图 2.35　HOPPER 找零机

2)技术规格(表 2.8)

表 2.8 硬币循环找零模块技术规格表

项 目	规 格
输入电源	输入电压:DC 24 V; 电压变动率:±10%
进款计数速度	平均 2 s+0.4 s×n 枚(硬币投入~直至硬币计数)
出款计数处理	平均 5 枚/s 以上
出款运送处理	约 2 s(卡住,硬币立起的情况除外)
拒绝功能	通过识别部将判断为指定外的硬币排除。计数上不加算数字
异物退出功能	流出部转子将异物以及硬币流出
外部接口	RS232C×1
硬币识别功能	磁力传感方式:接受率:99.0%以上;识别率:99.9%以上。 附载了 CDU-122 的识别装置,识别速度:≥10 枚/s
取消功能	有,将现有硬币退出(有暂存部)
回收处理	平均约 2 min 30 s(1 元 700 枚,5 角 1 000 枚)
耐冲击	(1)非打包时:从 100 mm 高度一侧支撑面角度落下,另外跌落角不足 30°,两者都对冲击具有耐性; (2)打包时:从 400 mm 高度落下,以全方位连续旋转落下,无破损、故障(没有装填硬币的状态下)
倾斜·跌落角度	①各个角度倾斜 5°也不会跌落。 ②静止时倾斜 30°也不会造成障害。 (无硬币状态)
固有可靠性	MCBF≥50 000 次;MTTR≤30 min
使用寿命	≥50 000 h

4. 单程票发售模块

1)模块介绍

(1)车票处理模块是以 RS232 为对外接口的智能单元,在接受主控单元的指令后,车票处理模块能完成供票、赋值及出票的处理过程,见表 2.9。

表 2.9 单程票发售模块部件表

序号	名 称	功 能
1	出票机构	将车票有序的从票箱搬运至暂存机构
2	暂存机构	暂存车票,能将车票搬运至传输机构
3	传输机构	接受暂存机构的车票,能将车票停留在读写区域,能将车票发送或回收
4	车票读写器	对车票进行读写操作
5	机芯控制板	与主控单元通信,控制传送部件动作
6	票箱	存放需发售的车票
7	废票箱	存储未正常发售的车票

(2)车票发售处理装置是根据车票控制装置的控制，在票卡的集成电路芯片中写入车票的种类、票价、乘车区间等自动检票机所需的各种信息之后，进行车票发售的设备，它拥有 2 个车票储存容量为 1 000 个的票箱和一个废票箱，如果用完某个保管箱中的车票之后，将继续发售另外一个票箱中的票卡。发售速度不超过 1 张/s，包括供票、编码、验证和出票。

(3)单程票处理模块由供票单元、票卡传送与读写单元、出票单元、票箱、废票箱、控制单元、导轨组成。

(4)自动售票机能一次性发售单张、多张车票。一次性发售车票的上限可通过参数设置。

(5)车票处理模块能对票盒状态进行检测，票盒状态有 4 种：正常、票盒未到位、票少和票空。车票处理模块将状态报告至自动售票机主控单元，主控单元再将状态发送到 SC。

(6)自动售票机的储票箱与自动检票机回收票箱可以互换。

(7)出票口具有有机玻璃挡板防止飞票，且取票口具有导水孔，有水倒入时可迅速流至地面，不会对机器造成损坏。其边缘光滑，对乘客不会造成任何伤害。

(8)设备采用 nitta 皮带，有效地解决了温度、湿度传动设备的影响。

(9)刮票装置具有防止两张车票同时刮出的机制。

传送部件装有光电管传感器，能有效反映车票传输的过程和票盒状态，通过控制板与主控单元通信，当票盒空或渐空时，自动售票机能实时的上传状态给 SC。车票传送过程中如果出现卡票、废票、机械故障等现象，自动售票机能在操作员显示器上显示提示信息，根据故障级别，确定暂停服务处理，等操作员排除故障后，可进行异常恢复或初始化处理，恢复模块工作。

传送部件能实时检查票盒状态，当票盒空时可以自动切换供票盒，切换票箱时，能自动判别备用票箱位置并完成相应切换。当两个票盒都空时进入暂停服务状态，等操作员重新加票后进行异常恢复继续工作(图 2.36)。

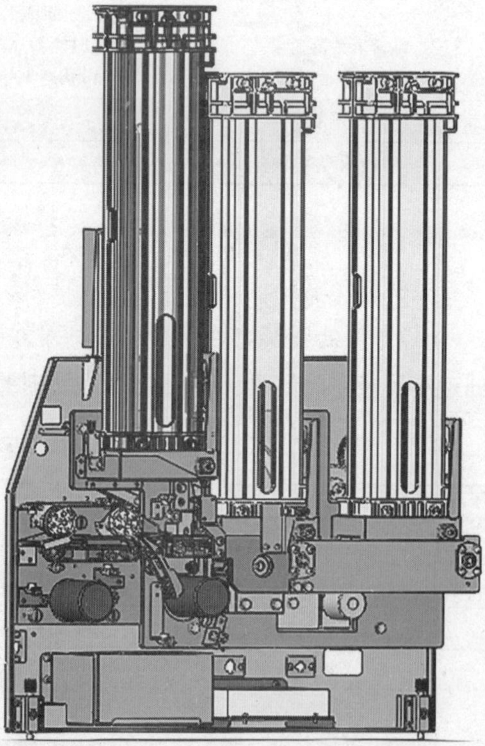

图 2.36　单程票发售模块图

供票：采用下出票方式供票，刮轮带动车票，通过皮带传送到 4 号传感器。

应用 3 号传感器判断车票是否将空。将空情况下，无票送出，认为是票空。

票空时，能自动切换票箱。切换票箱时，能自动判别备用票箱位置并完成相应切换，如图 2.37 所示。

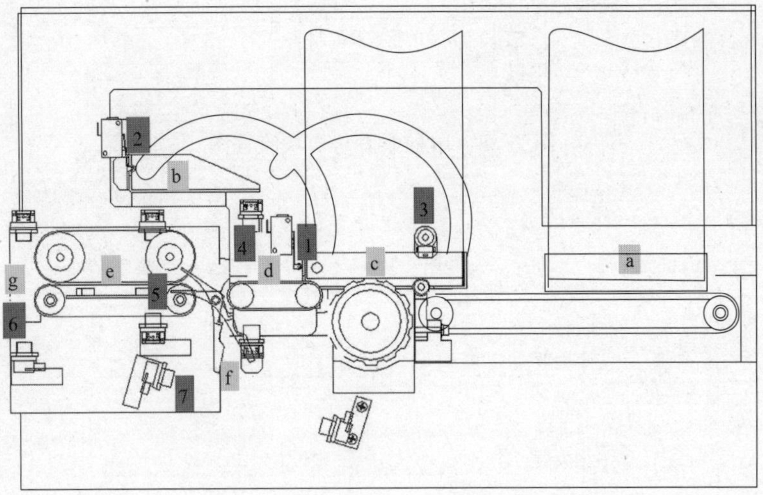

a—1 号票箱暂存区；b—2 号票箱暂存区；c—工作票箱区/供票区；d—车票暂存区；e—车票读写区；f—车票回收区；g—车票出口；

1—1 号票箱到位传感器；2—2 号票箱到位传感器；3—车票将空传感器；4—车票暂存传感器；5—天线读写区域进入传感器；6—出口传感器；7—回收传感器。

图 2.37　单程票发售模块细节图

供票单元结构为盒式结构，这易于更换票箱。更换票箱时，不需要任何其他工具即可轻易完成。

车票传送与读写单元：车票传送与读写单元，传送车票至车票解码模块，然后由主控制器读写记录在车票集成电路芯片上的信息。在发售车票时，读写车票的完整信息。只发售有效的车票，如果车票记录的信息无效，则自动被发送到废票箱。

控制单元：车票处理模块的控制单元在主控制器的控制下，控制车票处理模块里的每个单元。它用传感器来检测票箱内车票的使用情况。

票箱：票箱设计为硬质轻便材料，当从距地面 1 m 高落下时，碰撞部位无论是边角还是侧面，均不对票箱产生任何损坏。票箱质量不超过 1 kg，内壁平滑，不会磨损车票或卡票。票箱容量 1 000 张。

车票处理流程：正常车票处理过程中，如果有效性检查及校验失败，车票被回收到废票箱，同时设备应尝试再次发售车票。如果连续出现编码校验错误的次数达到参数设置次数，设备将暂停服务并将该信息上传到 SC，已投入的钱币应返还给乘客。上述过程表述如

图 2.38 和图 2.39 所示。

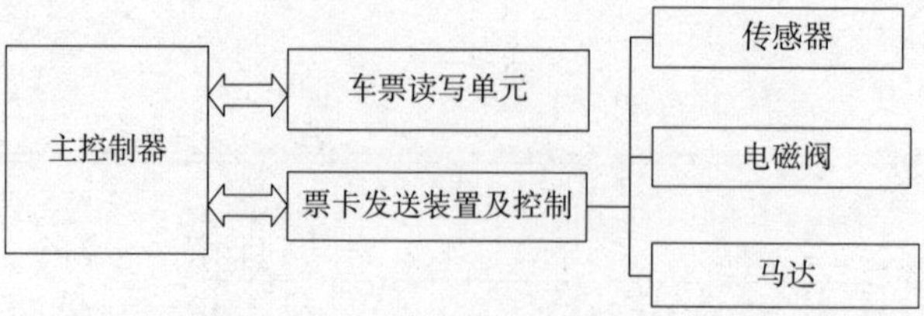

图 2.38　单程票发售模块流程图

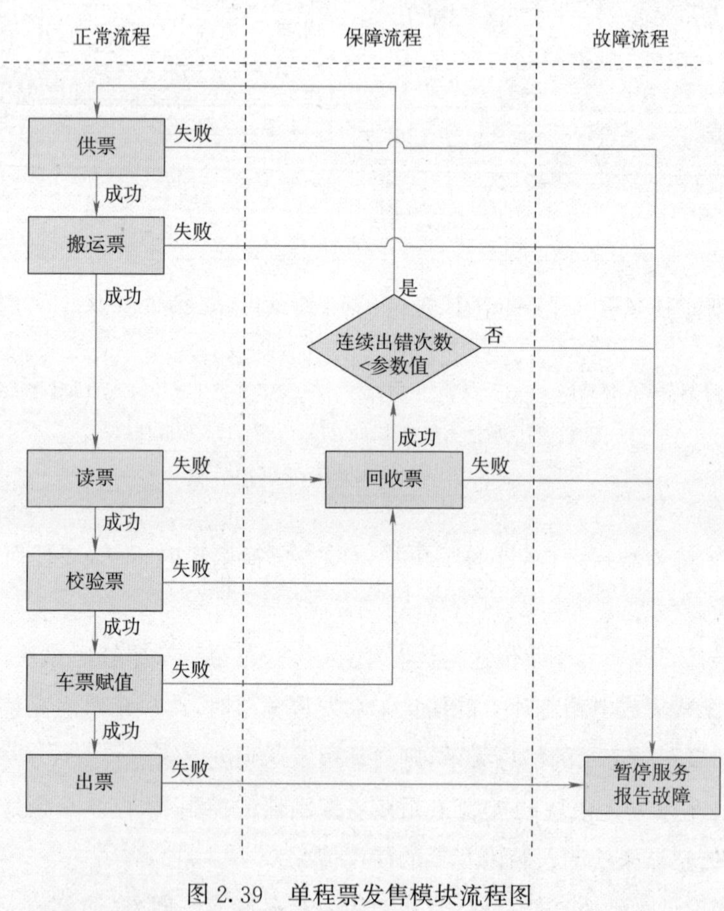

图 2.39　单程票发售模块流程图

废票箱:自动售票机设置 1 只废票箱,对将无法发售的车票进行回收。自动售票机能检测票箱的状态,当票箱内车票满时,向 SC 及 LCC 上传其状态。

废票箱容量:大于 300 张。

2)技术规格(表 2.10)

表 2.10　单程票发售模块技术规格表

序号	项　目	技 术 规 格
1	储票箱	数量:2 个,材质:工程塑料,容量:1 000 张/箱(单程票:厚度 0.50 mm 以下)
2	废票箱	数量:1 个,容量:300 张/箱(单程票:厚度 0.50 mm 以下)
3	出票速度	≤1 s/张
4	电子标签	2 个储票箱配备 RFID
5	通信接口	RS232
6	通信速率	9 600～19 200 b/s
7	输入电压	DC 24 V

5. 主控单元 ECU

1)模块介绍

(1)主控单元(ECU)负责完成车票处理、现金处理显示、数据通信、状态监控等功能。ECU 的设计采用整机化、无风扇设计,并满足物理上和功能上的互换性要求。

(2)ECU 采用工业级 AFC-3038 计算机,该产品具有良好的抗电磁干扰性能,能保证整机 24 h 不停机的稳定运行,且在 AFC 行业有多条成功的应用。

(3)CPU:采用 Intel 低功耗 CPU,表贴内存、产品性能高、功耗低、生命周期长。

(4)严格按照工业级使用要求设计,具有良好电磁兼容性。

(5)AFC 嵌入式计算机采用无风扇设计(机箱及系统内部均免风扇),在选择宽温电子盘、宽温工业级硬盘的条件下,操作系统及应用数据可采用非易失性存储器 NVRAM、DOM、CF 卡等存储方式,在意外掉电的情况下,操作系统和存储数据不丢失。

(6)支持 DOS,WINCE,WINXPE,WIN7/8,LINUX,VxWORKS,QNX 等实时性强的操作系统。

2)技术规格

(1)CPU:Intel 低功耗嵌入式 ATOM 双核 D525 CPU,主频 1.8 GHz。

(2)1 MB 高速二级缓存。

(3)表贴 2 G 内存,可靠性高。

(4)1 个 8 G CF 卡,1 个 120 G 固态硬盘。

(5)2 个 100/1 000 M 以太网卡(支持网络唤醒)。

(6)6 个 USB 接口、14 个串口(其中 2 个支持 RS232/485/422)。

(7)声卡(支持 Line IN 和 Line OUT)。

(8)1 个 LVDS 接口、2 个 VGA 接口,支持独立三显。

(9)1 个 PS/2 键盘、鼠标二合一接口。

(10)带后备电池,保证数据不丢失。

(11)DC 24 V 输入。

(12)工作温度−20～+60 ℃。

(13)存储温度−55～+85 ℃。

(14)MTBF≥100 000 h。

(15)铝制导热机箱、无风扇设计。

(16)箱体尺寸:260 mm(W)×200 mm(D)×105 mm(H)。

(17)防护等级:IP30。

主控单元 ECU 如图 2.40 所示。

6. 一体化触摸显示屏

(1)乘客显示器:TVM 采用触摸一体化 ET2243L 22 英寸液晶显示器,1 920×1 080 高清分辨率、32 位真彩色。

乘客显示器能显示有关购票操作信息,实现乘客方便选择现有线路车站的功能,给予乘客明确的操作指示且操作步骤简单快捷,如图 2.41 所示。

图 2.40　主控单元 ECU

图 2.41　一体化触摸显示屏

供电:DC 12 V。

(2)触摸屏:采用 Elo 的一体化触摸显示器。触摸技术选用 Elo 的 IntelliTouch® Pro 投射式电容(PCAP)触摸技术。

电源电压:DC 5 V。

触摸屏控制器具有 USB 口连接方式,通过乘客显示屏给出的指示进行触摸操作。

7. 运营状态显示屏

自动售票机采用 LED 红绿双基色型运营状态显示器,显示自动售票机当前服务状态显示颜色:红、绿、黄三种颜色;文字大小:16 点×16 点阵简体中文;16 点×16 点阵、8 点×16 点阵英文(全角、横倍角、半角);电源电压:DC 24 V。

运行状态显示器安装在 TVM 前面板的显著位置,用于显示当前设备的运行模式和操作模式,包括暂停服务、暂无找零、关闭、只收硬币、只收纸币等状态信息。显示信息能根据运行模式和操作模式的变化进行自动更新。显示器采用中文与英文交替显示的模式,并能显示简单的图形和动画,如图 2.42 和图 2.43 所示。

图 2.42 运营状态显示器

图 2.43 维护面板

8. 维护面板

1)模块介绍

通过维护面板能实现自动售票机自诊断的各种功能,方便维修人员。操作人员能在自动售票机维修面板上查询设备状态以及各种寄存器数据,以及最近 100 条交易数据。

2)技术规格

表 2.11 维护面板技术规格表

项 目	技 术 规 格
键盘	20 个(包括 10 个数字键;10 个功能键)
键盘接口	USB
显示屏	液晶显示屏
显示屏分辨率	640×480
显示接口	LVDS
触摸板	USB 触摸板
输入电压	DC 12 V

9. 电源模块

1)模块介绍

电源模块主要包括:核心主模块、电源控制板(含 UPS 控制)、电池、电源输出板等组件。核心主模块采用 AC-DC 开关电源。电源模块通过安装在车站内的配电盘,从电源端子排接收引入设备内部的 AC 220 V,50 Hz,通过主电源模块及次级电源模块转换为 DC 12 V 和 DC 24 V 电源,分别为各模块供电;如主控单元、一体化乘客触摸显示器、单程票发售模块、纸币处理模块、硬币处理模块、纸币找零模块、读写器、维护面板、运行状态显示器、打印机、I/O 控制板等,如图 2.44 和图 2.45 所示。

图 2.44　TVM 电源模块

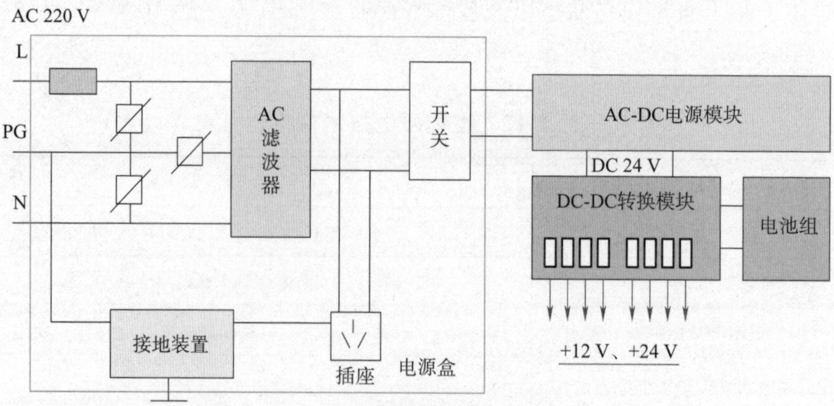

图 2.45　电源模块示意图

当电源模块检测到电池电量不足时,可自动对蓄电池充电,当充电完成后,自动停止充电。当电源模块检测到蓄电池长期处于电池电量低的状态时,将向主控单元报警,主控单元则向SC发送此事件提示需更换蓄电池。

2)技术规格

主要技术特性如下：

(1)输入电压：可满足AC 220×(1+10%)～220×(1−15%) V，50×(1±4%) Hz。

(2)电源输出设备具备电压保护和过电、漏电流保护。

(3)电源线性调整率最大为0.4%。

(4)电源负载调整率最大为0.8%。

(5)具备瞬变保护；具有漏电保护。

(6)输出纹波及干扰小于0.05%或峰—峰1 mV(U_0>48 V时)。

(7)有效性大于90%。

(8)MTBF>100 000 h。

(9)绝缘电阻：输入对输出、输入对外壳DC 1 000 V时≥1 000 mΩ；输出对外壳，输出对输出DC 250 V时≥250 mΩ。

TVM内各模块供电见表2.12。

表2.12 TVM内各模块供电表

序号	货物名称	供电
1	主控单元	DC 24 V
2	纸币处理单元	DC 24 V
3	硬币处理单元	DC 24 V
4	纸币找零单元	DC 24 V
5	触摸屏	DC 5 V，USB直供
6	乘客显示器	DC 12 V
7	运行状态显示器	DC 24 V
8	打印机	DC 24 V
9	维护面板	DC 12 V
10	单程票处理单元	DC 5 V，DC 24 V
11	读写器	DC 12 V
12	I/O控制板	DC 24 V

2.7 自动检票机(AGM)

2.7.1 功能概述

自动检票机简称 AGM,是实现乘客自主进站检票交易的设备。对有效车票,检票通道阻挡解除,允许乘客进站/出站,监控乘客通行,给乘客提供引导,对不规范的乘客进行声光报警。

按照功能分类:自动检票机端机、宽通道双向自动检票机、标准双向检票机。

按照阻挡装置分类:三杆式检票机、扇门式检票机、拍打门式检票机。

双向检票机可通过 SC 下达命令或者在本机上设置为:进站检票机模式、出站检票机模式、双向模式。三种模式的转换还可通过自动运行时间表、下达命令和就地控制实现。在不同的运行模式下,自动检票机通过通行指示器、乘客显示器、顶棚向导装置给乘客明确的提示。

在进站模式下面向付费区的读写器和单程票回收设备的功能为不可用状态,面向付费区的通行指示器、乘客显示器、顶棚向导装置显示为"禁止"。

在出站模式下面向非付费区的读写器为不可用状态,面向非付费区的通行指示器、乘客显示器、顶棚向导装置显示为"禁止";其余部分操作与出站检票机操作相同。

在双向模式下面向付费区和非付费区的读写器及单程票回收设备均为可用状态,当接受车票乘客通过双向检票机通道时,相应通道的另一个方向暂时为(乘客通过的时间内)不可用状态。

在双向模式下,具有互锁功能,确保在同一时间内只有一端乘客可以使用。此时面向付费区和非付费区的读写器及单程票回收设备均为可用状态,当接受车票乘客通过双向检票机通道时,在乘客未通过前,相应通道的另一个方向暂时为(乘客通过的时间内)不可用状态。直至通道一方乘客通过为止。

通过读取和验证非接触性智能卡和单程票来控制闸门的开合,从而达到控制乘客进出的目的。进站时,其内置的读卡器通过对乘客持有的车票进行读卡验证,并将新的信息加密到票卡的内置电路,有效车票放行,无效车票禁止通行。出站时,检票机再次对车票进行验证,并将新信息写入其中,有效车票正常出站,单程票回收循环使用;对不符合票务规则的车票(超时、超程等)进行相关票务处理。在紧急情况下,如火灾、突发事件等,消防系统能够联动自动检票机,实现紧急释放功能。

自动对车票进行有效性检验,对有效车票进行相应处理后放行乘客,对无效车票拒绝放行；对车票处理结果给出明确的提示信息；对通道的通行状态给出明确的指示；对特殊车票的使用给出明确的提示；对需要回收的车票执行回收操作；对各部件的工作状态进行自动监测，并向车站计算机系统上报工作状态；接受车站计算机系统下发的参数和控制命令，并执行相应的操作；存储并上传交易信息；接受紧急按钮信号并控制设备的操作。

2.7.2　AGM 硬件设备组成

自动检票机包括：主控制单元、读写器及天线、阻挡装置、回收模块、乘客显示器、通行指示器、警示灯及扬声器、报警器、维护面板、主电源等。对乘客进行进站和出站检票。

AGM 模块组成见表 2.13。

表 2.13　AGM 模块组成表

序号	组成部件		数量	功　能
1	主控制单元	主控制板	1	控制设备的运行模式，负责各种数据的存储及与 SC 通信处理
		电子硬盘（CF 卡）	1	系统盘
		电子硬盘（DOM）	1	数据盘，存储数据及软件
2	扇门模块		1	根据独立的通行逻辑控制器的命令，以开门或关门的形式，控制乘客出入
3	通行监控	通行传感器（对）	14	实时监控乘客进出通道状态
		安全传感器（对）	4	保障乘客通行安全
		人体高度检测（对）	2	检测乘客身高符合过闸要求
4	乘客显示器		2	乘客信息及维修信息显示
5	标准读写器及天线、二维码读写器及识别读头		2	读取乘客票卡信息和乘车码信息
6	车票回收模块	票回收机构	1	使单程票落入正确的票箱并将不合格的单程票退还
		票箱	2	存储回收票卡
7	方向指示器		2	对乘客进行指引
8	警示灯		1	对乘客提示告警及提示车票类型
9	维护面板		1	供操作员进行模块测试维修
10	电源模块		1	提供电源
11	I/O 控制板		1	监控各种开关到位、模块指示灯、报警器
12	机壳/机架（套）		1	设备外壳

AGM 模块结构及实物如图 2.46～图 2.49 所示。

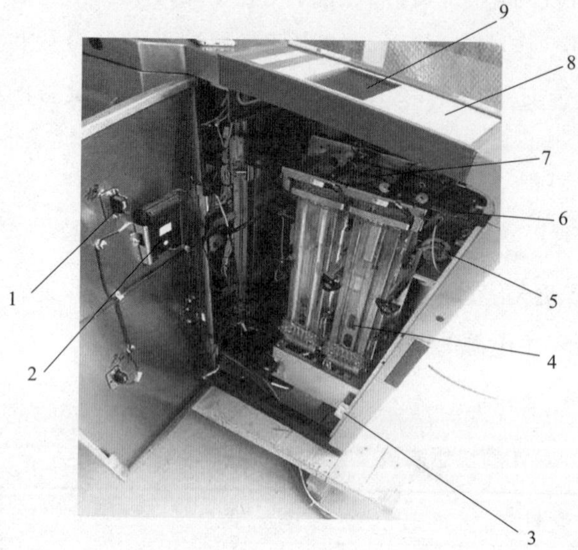

1—通道传感器；2—维修键盘；3—门到位开关；
4—票箱；5—皮带电机；6—小天线板；7—回收皮带；
8—大天线板；9—乘客显示屏。

图 2.46 自动检票机(AGM)模块示意图(一)

1—工控机 ECU；2—DC 24 V 电源；3—电源开关；
4—UPS 蓄电池；5—DC 12 V 电源；
6—电源转接板；7—逻辑控制器。

图 2.47 自动检票机(AGM)模块示意图(二)

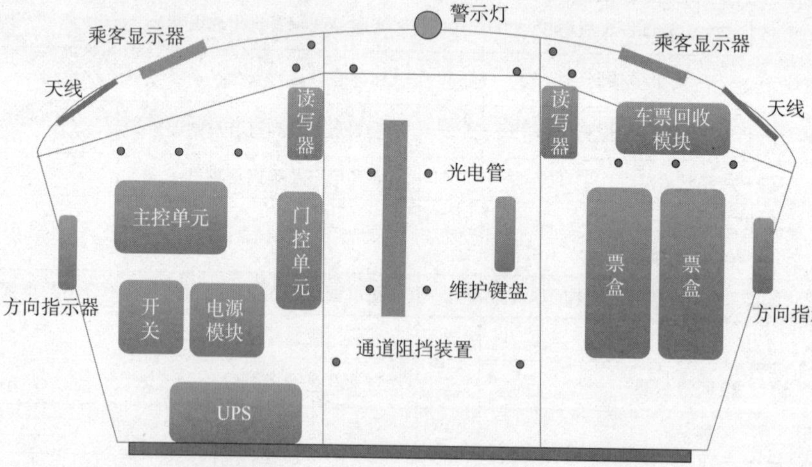

图 2.48 自动检票机(AGM)模块结构图

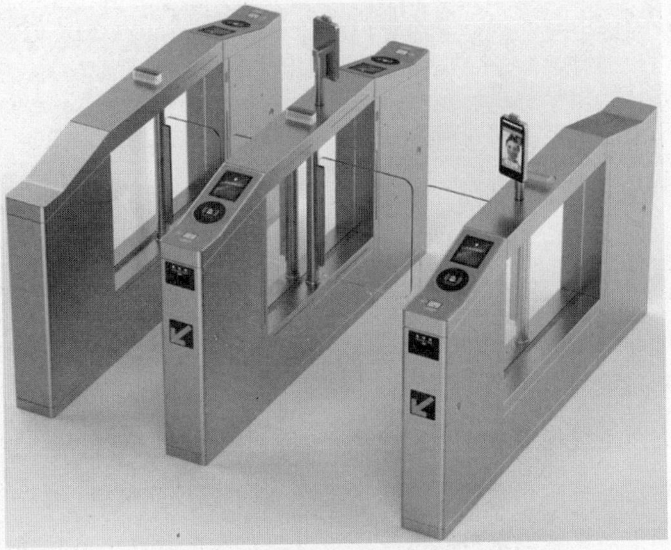

图 2.49 自动检票机(AGM)实物图

AGM 模块性能指标见表 2.14。

表 2.14 AGM 模块性能指标表

序号	项 目	技 术 指 标
1	输入电源	AC 220×(1+10%)~220×(1−15%) V,50×(1±4%) Hz
2	乘客通过能力	无回收车票情况下≥60 人/min;全部需回收情况下≥40 人/min
3	车票处理速度	≤0.3 s/张
4	车票回收处理速度	≤0.5 s/张
5	扇门打开速度	普通通道≤0.5 s(检查车票为有效后);宽通通道≤0.7 s(检查车票为有效后)
6	整体可靠性	MCBF≥1 000 000 MTTR≤10 min
7	控制电路板 MTBF	≥170 000 h
8	车票回收模块的可靠性	MCBF≥50 000
9	扇门	MCBF≥2 000 000
10	与车站计算机的通信速率	100 Mb/s
11	回收票箱	两个,每个容量 1 000 张,带电子标签,且其票卡容量信息可被 AGM 的主控器读出
12	通信接口	RJ45 以太网接口(100 Mb/s)
13	噪声	≤50 dBA(距设备 1 m 范围内)
14	供电要求	自动检票机内部供电均采用 48 V 以下安全电压
15	用电功率	≤250 W

2.7.3 主要模块介绍

1. 车票回收模块

1)模块介绍

车票回收模块安装在出站检票机或双向检票机中,用于实现车票出站回收的功能。当需回收车票在非回收车票读写器使用时,自动检票机乘客显示屏提醒乘客将车票放入回收口。通过入票口尺寸设置,限制非回收车票投入回收口。回收口一次只能回收一张车票,两张车票无法同时投入回收口。

对乘客投入的车票进行读卡处理,如果车票是有效车票,将其传输到自动检票机内的回收箱中,进行回收,回收模块有两个回收票箱,每个回收票箱可容纳 1 000 张车票。回收票箱可以根据后台定义分别设置装各种回收票种,也可以依次装满(当一个票箱满后,可以回收到另一个票箱中),回收的票可以再循环使用。如果是无效车票时,将其原路从投票口退出,退还给乘客。

自动检票机的车票回收模块构成有车票投票口、电磁快门、车票传输机构(机芯)及信息读取装置(读写器)、车票回收箱固定装置和车票回收箱,如图 2.50 所示。

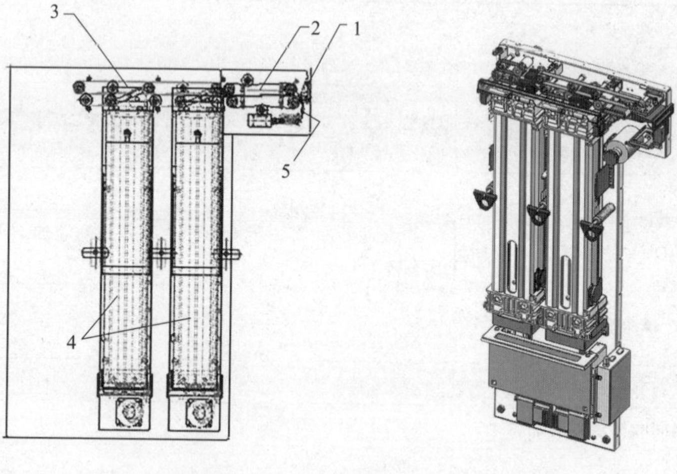

图 2.50　车票回收模块组成图

1—车票投票口;2—车票信息读取装置;3—车票回收装置;4—车票回收箱;5—电磁快门

(1)车票投票口(图 2.51)

当用户将票伸向检票口后,自动检票机自动感应票卡的投入,并将票吸入。票口有鲜明的标示,引导乘客投票。在自动检票机的投票口具有两个光电检测(内外光感),通过其组合可区分出票卡的投入或者拔除。

(2)电磁快门(图 2.52)

当票卡完全投入后,自动检票机芯的快门自动关闭,防止第二张票的跟入(图 2.53 和图 2.54)。

图 2.51 车票投票口

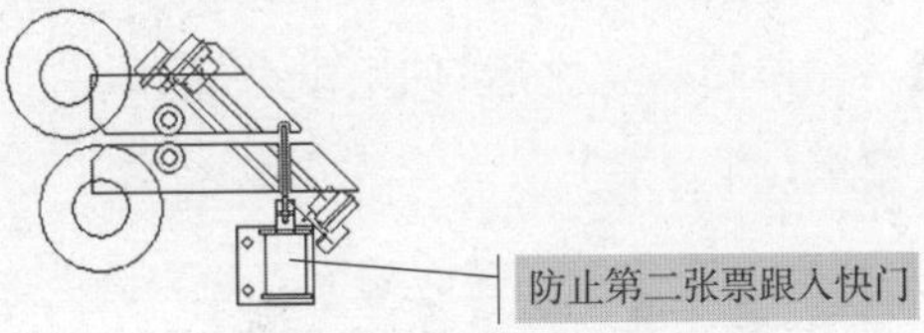

图 2.52 电磁快门运作图

(3)光电传感器(图 2.53)

车票回收模块有 6 对传感器;入票口处内、外光感各一对(通过检测票卡所处位置组合来判断入票状态),小天线板处光感一对,皮带分向阀处一对,票箱 1 和票箱 2 入箱箱口斜射光感各一对。

(4)车票回收票箱

车票回收箱固定装置和车票回收箱:2 个票箱,容量:1 000 张/箱(单程票:厚度 0.50 mm 以下)。

(5)读取装置(读写器)(图 2.54)

对车票进行读写操作,判断车票的有效性。

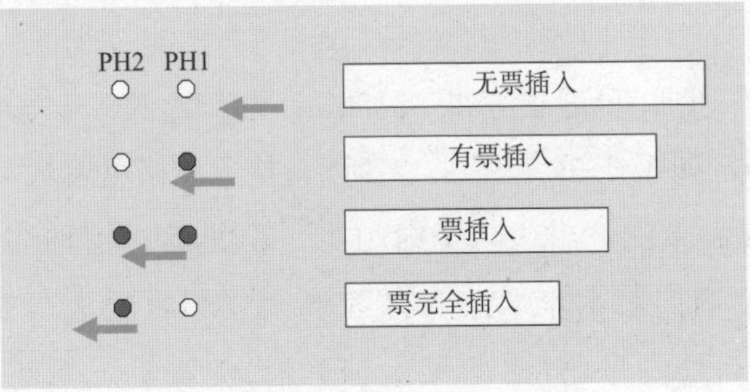

图 2.53 内外光感检测组合

图 2.54 读写器图

(6)车票回收模块运行流程

当投票口探测到有车票投入时,将票卡传输到 RF 读取点。在对所投入的车票进行处理的过程中,通过快门的动作,防止车票继续投入。

当乘客投入了读卡错误的车票、无效车票、被主控制装置拒绝回收的车票时,打开快门,将所投入的票卡反向传输退给乘客。通过投票口尺寸设计,保证只允许插入一张车票,禁止乘客同时插入两张车票,从而可以防止同时接收两张车票。

当发生火灾、灾害等紧急情况时,通过控制回收装置投票口快门的关闭状态,关闭入票口,拒绝接收车票。

首先,由位于离投票口较近的储票箱上方分流器对车票的移送路径进行控制,以保管票卡。随着票卡数量的增加,使票卡托盘逐渐向下移动。

当第一储票箱满票之后,使上端分流器进行水平切换,将移送路径接到第二储票箱中,继续保管票卡(图 2.55)。

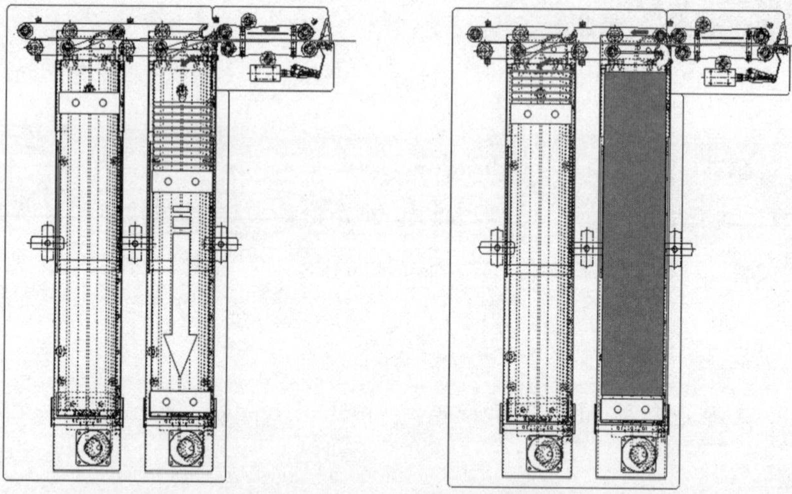

图 2.55 车票回收模块运作图

2. 扇门模块

1)模块介绍

扇门模块采用电机驱动机构。普通通道(通道宽度 550 mm)为 MA-KS-550S,宽通道(通道宽度 900 mm)为 MA-KS-900W,如图 2.56 和图 2.57 所示,技术规格见表 2.15。

两个扇门位于通道的中间,以限制人员进出。一个扇门由一个能够自由伸缩的三角形门和一个固定门共同组成,每一个扇门都由金属芯和外面的柔软塑料组成,当碰到物体时能够吸收能量。两个扇门的运动是同步的,以确保运动平滑、无振动。当两个扇门打开时,扇门能够完全收缩到箱体内以便顾客快速通行,同时两个门受同一个控制模块统一控制。

(1)扇门可靠性

扇门机械部分需保证每天超过 10 000 次的使用以及总数超过 1 000 万次的使用寿命,扇门 MCBF 不小于 500 万次。扇门的设计需保证持有效车票的乘客通过通道而不会给其他乘客造成伤害或带来不便。

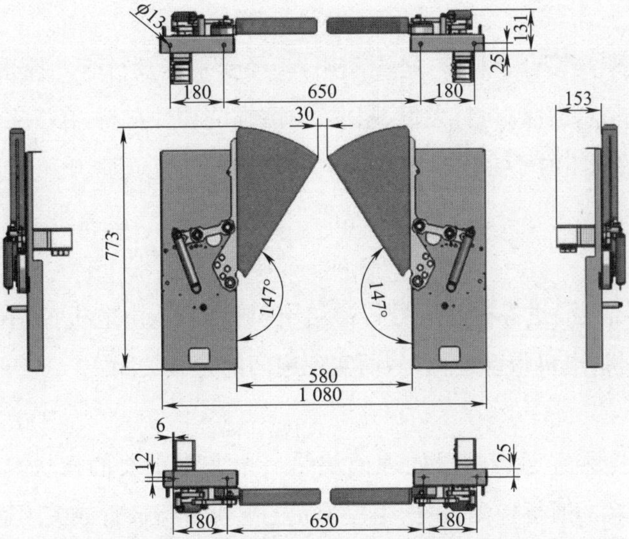

图 2.56　标准通道 MA-KS-550S 外形图(单位:mm)

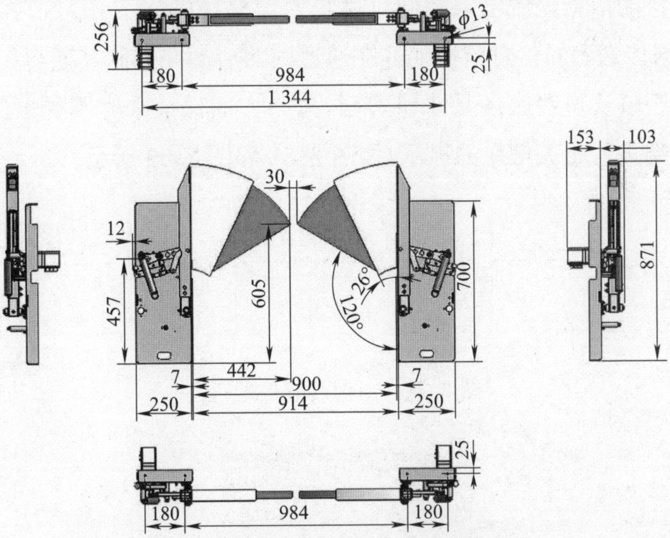

图 2.57　宽通道 MA-KS-900W 外形图(单位:mm)

表 2.15　扇门模块技术规格表

序号	项目名称	MA-KS-550S	MA-KS-900W
1	外接电源	AC 230 V,50×(1±10%) Hz	
2	内部电源	DC 24 V	
3	功耗	100 W	120 W
4	冲击检测	是	
5	占空比	100%	
6	开门时间	0.3/0.4/0.5 s	0.6/0.7/0.8 s
7	关门时间	0.3/0.4/0.5 s	0.6/0.7/0.8 s
8	工作环境	0～55 ℃	

(2)扇门材质

扇门的内部支架是铝合金材质,坚固耐用,能经受乘客及行李的撞击;扇门的外部封包材料采用聚氨基酸塑料泡沫材料,无毒、阻燃、耐磨损的柔性材料,在5年内不明显磨损和变形、受到1 000 N的撞击时不会发生因变形引起的扇门不能正常开闭的现象。门板颜色在设计联络阶段确认。

(3)扇门工作原理

接收外部控制信号,并将控制信号传递给电机控制器,由电机控制器驱动马格内梯克高扭矩直流伺服电机,电机带动连杆,从而实现扇门的打开关闭。

①通行策略

在自动检票机中乘客通行逻辑处理模块是一个非常重要的模块,也是涉及安全的模块。该模块负责乘客的通行检测,根据主控单元的要求进行放行或关闭通道。

其主要流程是读卡器采集卡片信息,主控单元处理读卡器收集到的车票信息,然后把是否能通过检票机的信息提供给乘客通行逻辑处理模块(MBC110),乘客通行逻辑处理模块(MBC110)根据传送到的信息监控乘客在通道内的活动并控制其通行。乘客通行监控一方面检测乘客是否进入付费区还是非付费区,另一方面保证乘客不受扇门等设备的伤害,同时控制提示终端进行相关信息的提示,如图2.58和图2.59所示。

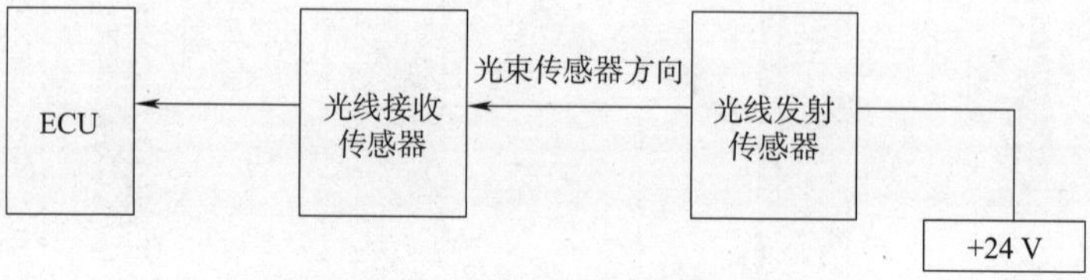

图2.58　对射传感器原理图

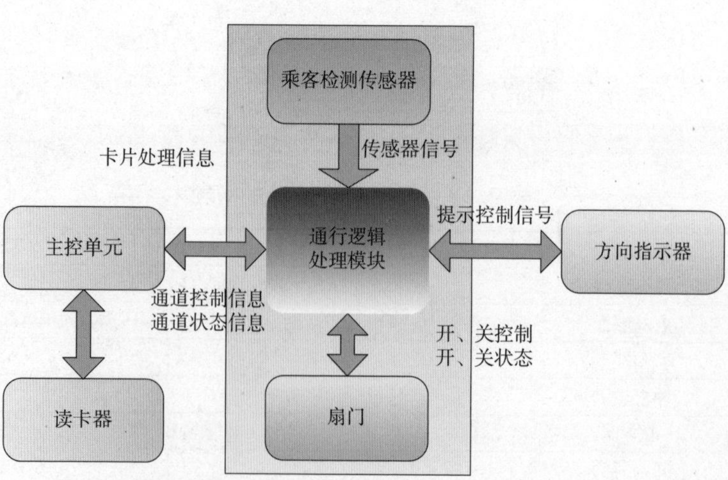

图2.59　通行逻辑处理功能框图

自动检票机安装18组对射传感器和4个反射传感器对乘客的通行进行监控，能监控乘客通过AGM的整个过程以及准确检测通过自动检票机的人数。

当乘客连续通过时，能监控两个成人间隔及重叠通过检票机。可监控乘客之间距离最小为30 cm。持一张有效票，当后者与前者的距离大于30 cm时，在第一位乘客通过后扇门关闭；若两者距离小于30 cm时，则扇门不关闭但有声、光报警。

②通行传感器

对射传感器采用CX412系列传感器(图2.60)。

通道采用两种传感器：对射型传感器和反射型传感器，工作原理如下：

对射型传感器由红外线发射端和接收端成对构成。当乘客进入通道，阻断红外线的传播，传感器向控制板发送信号。对射型传感器工作原理是通过一组传感器返回信号进行分析，即可准确地的判断乘客的通行情况。

图2.60　CX412系列传感器

反射型传感器同时具有发射端和接收端，发射的射线遇到物体反射回来，接收端接收到反射信号向控制单元发送检测到物体的信息状态。反射型传感器的使用，可以实现对通行乘客人体和身高的检测。

自动检票机安装18组传感器对乘客的通行进行监控，能监控乘客通过自动检票机的整个过程以及准确监测实际通过的合法乘客人数及非法乘客人数。

在自动检票机上安装4个反射型传感器，能有效检测出乘客的高度是否大于指定要求(1.3 m)。软件通过判断前方或后方有成人插入票卡，可保证儿童在成人陪同下通过自动检票机的功能。

传感器技术规格见表2.16。

表2.16　传感器技术规格表

序号	项目名称	技术参数
1	传感器类型	输出型
2	检测距离	≥2 m
3	检测物体	ϕ12 mm以上不透明体
4	重复精度(与检测轴垂直)	0.5 mm以下
5	电源电压	(DC 12～DC 24 V)×(1±10%)，脉动(p-p)10%以下
6	消耗电流	投光器：25 mA以下，受光器：25 mA以下
7	输出	PNP开路集电极晶体管最大流入电流：100 mA； 外加电压：DC 30 V以下(输出和0 V之间)
8	输出工作	输出工作可在入光时ON或非入光时ON之间切换

续上表

序号	项 目 名 称	技 术 参 数
9	短路保护	装备
10	指示灯	工作指示灯、稳定指示灯、电源指示灯
11	反应时间	1 ms 以下

通行传感器如图 2.61 将通道分为 $A\sim E$ 共 5 个区域，通常功能如下：

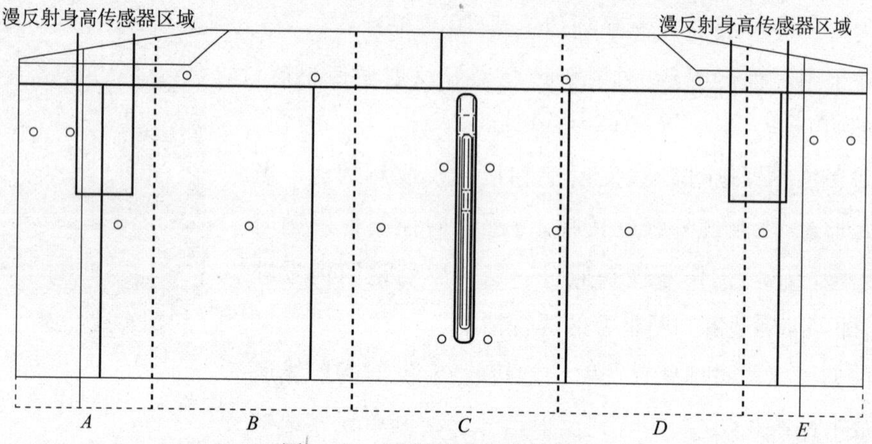

图 2.61　通行传感器分布图

A 区域：为防止旅客站在通道内刷卡，A 区域只做监测，不做判断。

B 区域：安保区，可检测到尾随、反向、非法闯入情况。

C 区域：安全区域，保证乘客通行安全。

D 区域：安保区，如果乘客从 C 区域离开进入 D 区域，扇门将关闭；扇门同时可以设置为完全通过 D 区域，扇门关闭。

E 区域：如果乘客从 E 区域进入（反向闯入），扇门将关闭（可以通过参数设）。

2）模块结构

1×门禁电源（图 2.62）；

2×扇门电机（图 2.63）；

1×MBC110 扇门逻辑控制器（图 2.64）；

1×MBC130 通道传感器控制器（选配件）（图 2.65）；

2×电阻保护器；

1×线缆一套。

（1）逻辑控制器 MBC110

自动检票机能监测到两名成人乘客以 200 mm 间隔非法尾随的情况并发出警报，并能阻止两名成人相距 200 mm 以上的尾随行为。同时能区分成人与儿童、乘客与手推物品等情况。

图 2.62 门禁电源模块

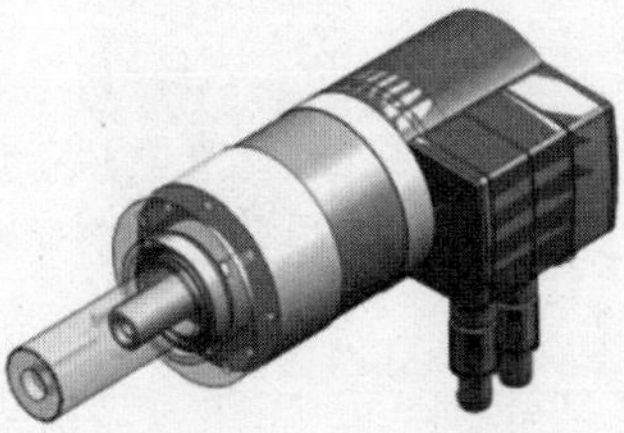

图 2.63 扇门电机

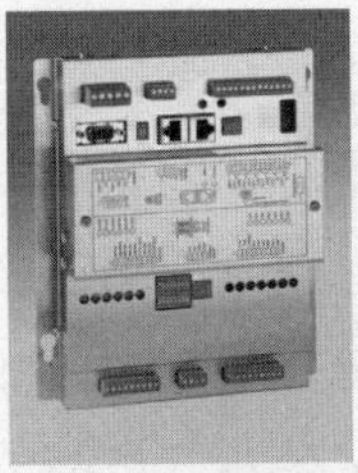

图 2.64 逻辑控制器 MBC110

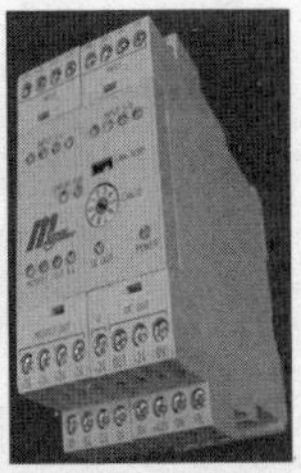

图 2.65 通道传感器 MBC130

自动检票机能监测出乘客的反向闯入行为，并及时作出有效动作阻止乘客反向闯闸。当自动检票机监测到乘客有非法行为（如尾随、反向闯闸等）时要及时以声光报警，通知乘客以及站务人员。在扇门开关区域内，能够保证通过乘客的人身安全。

供电：DC 24 V。

(2)通道传感器 MBC130

给通行传感器提供直流电源，并且控制通行传感器。

供电：DC 24 V。

(3)扇门电机

接收外部控制信号，并将控制信号传递给电机控制器，由电机控制器驱动高扭矩直流伺服电机 MHTM，电机带动连杆，从而实现扇门的打开/关闭。

三根接线缆（灰色电源线，蓝色通信线，紫色通信过桥线）。

供电：DC 24 V。

扇门模块电气连接如图 2.66 所示。

3. 票卡读写器（图 2.67）

(1)配合 AGM 回收模块，对单程票、储值票、员工票、福利票等以及支持银联闪付功能的银联卡进行读、写和校验并与上位机进行通信。

(2)配合 TVM、BOM 发卡模块，对单程票的读、写和校验。并与上位机进行通信。

(3)配合 ISM 以及支持银联闪付功能的 TVM 对银联卡的读取并与上位机进行通信。

(4)读写器数据存储于 SIM 卡中（图 2.67）。

(5)供电：DC 12 V。

天线板：

(1)对储值票或者单程票检测是否到位；检测单程票是否有效，对储值票进行相应的扣款。

(2)票卡经过小天线板（图 2.68）后进行读写校验，符合并接收票卡，不符合原路退回票卡。

(3)银联卡、市民卡、储蓄卡、员工卡可通过大天线板（图 2.69）进行信息读取。

供电：DC 12 V。

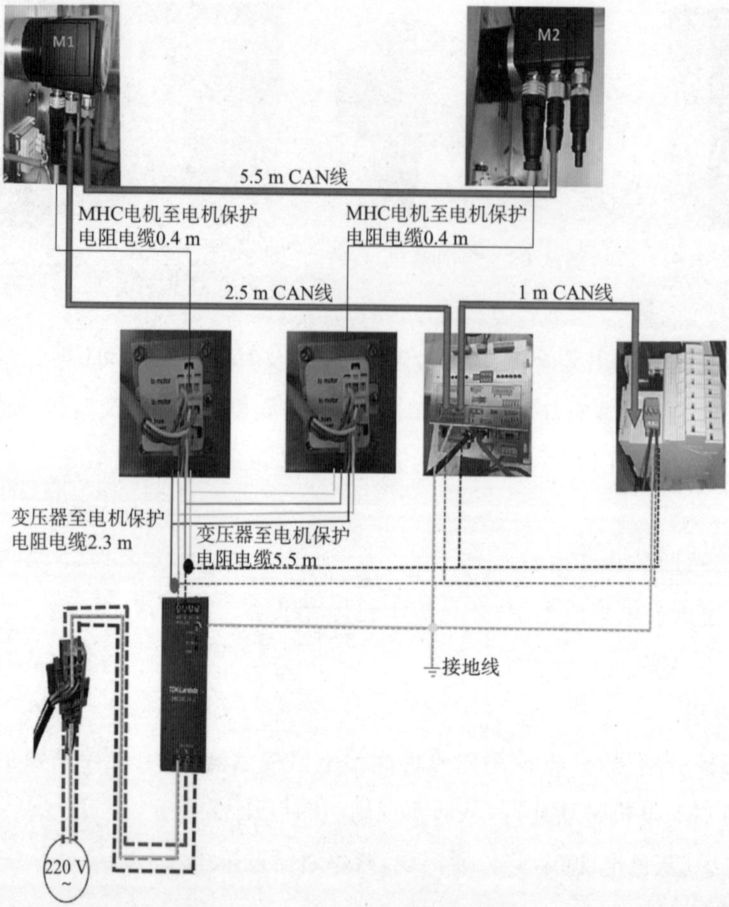

图 2.66　扇门模块电气连接图

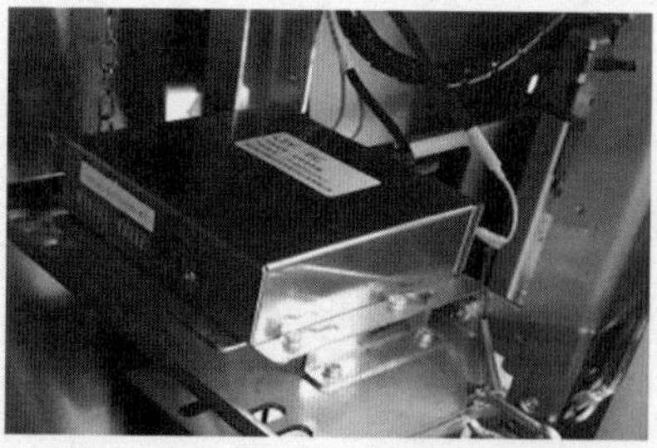

图 2.67　标准读写器

图 2.68　小天线板

图 2.69　大天线板

4. AGM 电源模块

1)模块介绍

以温州市域轨道 S1 线为例，AGM 电源模块与 TVM、ISM、BOM 为同一型号模块，详情规格参考 TVM 电源模块部分。

电源模块主要包括核心主模块、电源控制板(含 UPS 控制)、电池、电源输出板等组件。其由一个可靠的专用 AC 220 V 电源输入,同时其由两路并联 AC 220 V 输出。从电源端子排接收引入设备内部的主电源模块。交流转换成 DC 24 V 给扇门模块独立供电;另一路通过主电源模块及次级电源模块转换为 DC 12 V 和 DC 24 V 电源,分别为各模块供电(例如工控机、I/O 控制板、回收模块、电池组等)(图 2.70 和图 2.71)。

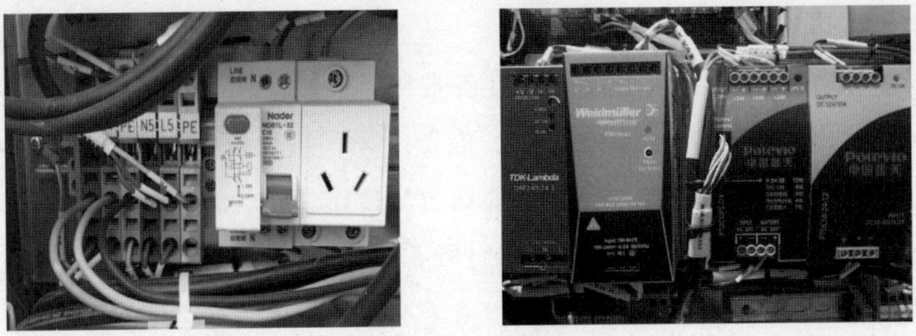

图 2.70　AGM 电源模块图

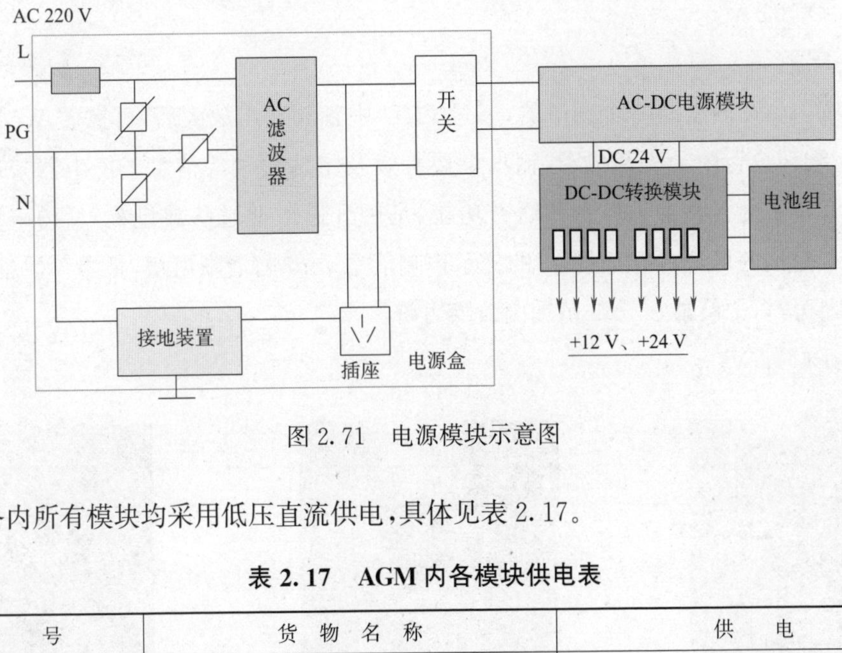

图 2.71　电源模块示意图

设备内所有模块均采用低压直流供电,具体见表 2.17。

表 2.17　AGM 内各模块供电表

序　号	货　物　名　称	供　电
1	主控单元	DC 24 V
2	单程票回收模块	DC 24 V
3	乘客显示器	DC 12 V
4	外设控制板	DC 24 V
5	读写器	DC 12 V

后备蓄电池：

当出现断电等突发情况时，为设备供电，保证断电前最后一笔交易的完成（后备蓄电池无法为扇门模块供电）。

5. 其他部件

1）电源转接板

通过电源转接板给 AGM 的各模块进行供电（除了扇门模块）。

2）维修键盘（图 2.72）

采用电容式机械键盘，与自动检票机设备主机连接，方便维修人员的操作。采用自动检票机的乘客显示器作为维修面板显示器。能帮助操作员快速操作。小键盘具有 0～9 数字输入键及至少 10 个功能键，各功能键应能通过软件定义其含义。检票机维修面板能在打开维修门后取出操作，方便维修人员。供电：DC 5 V。

3）蜂鸣器（图 2.73）

在所有 AGM 内安装一个蜂鸣器，报警延续时间及频率可通过设备参数设置，以便针对 AGM 不同工作状态、故障情况进行报警。

供电：DC 12 V。

4）扬声器（图 2.74）

在所有 AGM 内安装一个扬声器，通过 ECU 中音频输出放大后，可播放 WMA、WAV 等文件，对乘客进行中文语音提示，输出车票有效及特殊票种等信息。扬声器采用压电有源型。以实现发出各种警示声音和语音功能（是否开通可通过参数设置）。扬声器声强在 0～80 dBA 范围内可调；扬声器发出的提示声响能在 2 m 内清晰可辨，报警声响能在 10 m 范围内清晰可辨，语音能在 5 m 范围内清晰可辨。

供电：DC 12 V。

图 2.72　维修键盘

图 2.73　蜂鸣器

图 2.74　扬声器

5）通行指示器

自动检票机两端的前面板上分别安装方向显示器，用于指示乘客通行方向。通行显示器采用高亮度LED显示器显示。其显示标志在30 m的距离外可以清晰辨别。绿色LED箭头，代表乘客能够通过此通道；红色LED叉，代表禁止通过。

供电：DC 24 V。

6）警示灯单元

在所有检票机的顶部安装一个可以显示不少于六种颜色的警示灯。警示灯可以通过六色、闪烁及非闪烁等显示方式单独或组合使用。

警示灯能根据参数设置在使用优惠车票、车票无效或无票通过等情况时给出提示，同时能对不同票种（例如员工票、儿童票等票种）做出不同的警示。

供电：DC 12 V。

7）乘客显示器

自动检票机应能依据其所处的模式及状态，在乘客显示器动态显示相应的、可编程的信息。在正常模式下，给乘客显示有关使用车票的信息。乘客显示器能显示中、英文文字、数字、特殊字符和图像，所显示的信息同时以中、英文显示，且以彩色显示。

对于有效的车票显示车票有效允许进站或出站的指示信息。同时，在出站检票机显示车票的余值、剩余乘次、有效期、允许通过等信息。对于无效的车票显示车票无效及需要查询、需补票、需充值等指示信息。在自动检票机处于故障状态或暂停服务的模式时，在乘客显示器显示相应的状态或模式信息。

在维护模式下，该显示器可作维护用显示器。具有相应权限的人员合法登录后，可进入维护或维修模式，通过简单操作命令，可监测所有部件的工作状态和性能，检查参数信息、版本信息、审计信息和交易信息。

供电：DC 12 V。

2.8　查询充值机（ISM）

2.8.1　功能概述

查询充值机（ISM）放置在车站非付费区，提供给乘客自助式使用，完成轨道交通储值卡（包括市域铁路票）查询及充值功能，可进行纸币识别功能。ISM是由乘客显示触摸屏、运行状态显示屏、充值卡座、纸币识别单元、单据打印机、维修模块、电源模块、主控制单元等独立部件组成，通过相应线缆进行连接。

当与车站计算机系统通信中断时，查询充值机具有孤岛工作和数据保存能力。查询充值机配备大容量存储设备，因此设备能至少保存最近7 d的设备数据。在通信恢复时，能将保存的交易数据及时上传给车站计算机。查询充值机采用固态硬盘保存交易数据及其他所有运行数据，当系统通信中断时可以通过离线数据导入导出功能将数据导出到车站计算机。

(1)ISM安装在非付费区，服务功能主要包括：验票和储值票充值，能满足市域铁路各类专用票卡的要求，同时具备市民卡及公交卡的使用条件。

(2)ISM只接受面额为100元和50元的纸币对储值票进行定额充值。

(3)ISM能对市域铁路专用车票内的数据进行查询，包括验卡显示信息：车票逻辑卡号；车票类型；余额/使用次数；车票有效期；车票无效原因；交易历史。

(4)充值。

(5)信息查询。ISM具备对市民卡及公交卡数据进行查询的条件，包括余额、有效期、交易记录等。

2.8.2 模块构成

查询充值机的模块组成由工控机ECU、一体化触摸屏显示器、运行状态显示器、纸币处理模块、储值票处理模块、电源模块、维修面板、I/O控制板、热敏打印机等部件构成，如图2.75和图2.76所示。

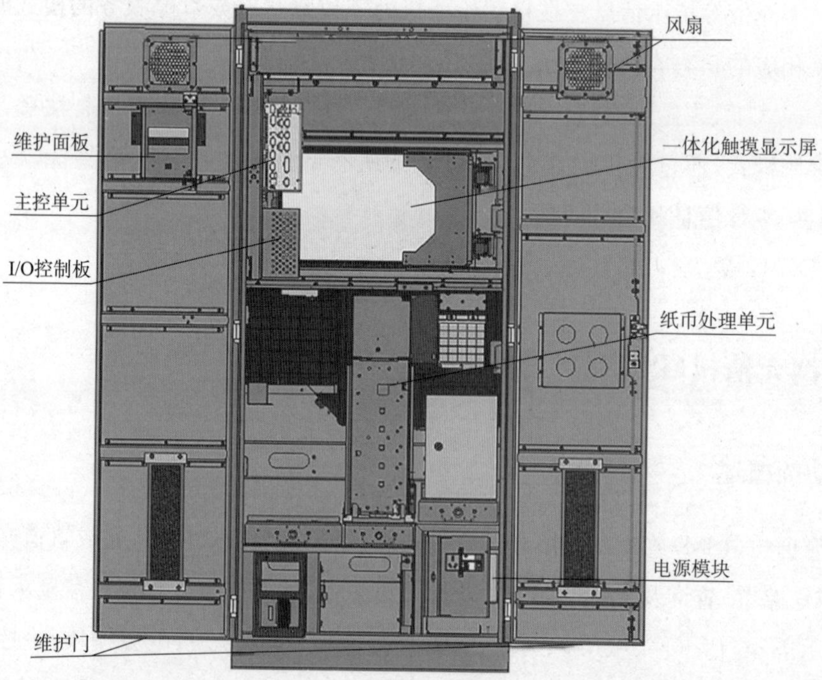

图2.75 ISM内部模块图

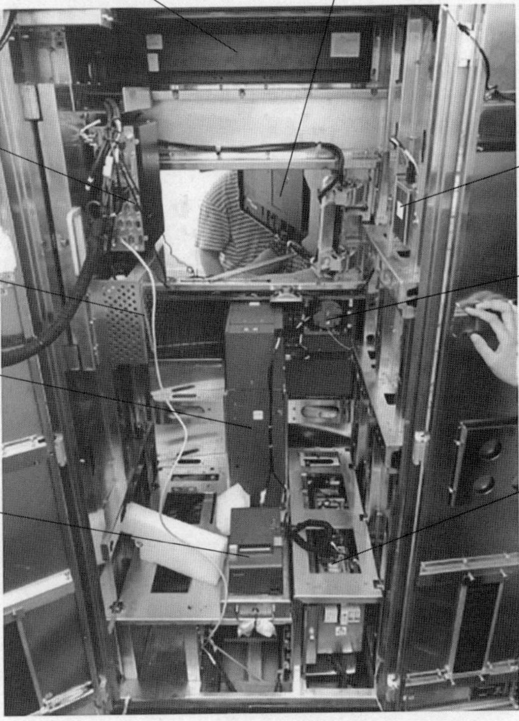

图 2.76　ISM 内部模块分布实物图

查询充值机主控制单元通过串口连接纸币处理单元、维护面板、运营状态显示器、读写器、储值票处理模块、打印机、电源模块等模块。通过以太网与 SC 通信。通过 USB 接口连接触摸屏。通过 VGA 接口连接乘客显示器。其工作方法为各个模块将自己的状态汇报给主控单元，主控制器驱动各部件协调工作，完成充值交易等功能。

ISM 主要模块功能见表 2.18。

表 2.18　ISM 主要模块功能表

序号	名　称	功　能
1	主控单元	负责控制设备的运行模式，负责各种数据的存储及与 SC 通信用的数据处理
2	纸币接收识别模块	接收纸币和鉴别假币及对鉴别后的纸币进行临时存储和返还，或者存到纸币箱中
3	纸币钱箱	对接收的纸币进行回收存储
4	一体化触摸屏显示器	目的地选择、购票以及充值等所需基本按键操作，显示用户提示语句，并显示各种视频内容
5	运营状态显示器	为乘客购票提供提示信息，以汉字和英语显示当前自动售票机的运行模式和操作模式
6	打印机	提供设备状态、交易、结算小单打印

续上表

序号	名　称	功　能
7	维护面板	为操作人员显示操作菜单，显示整机及各个功能模块的工作状态
8	读写器	对票卡进行读写
9	电源模块	安全供给 TVM 内部必要的直流及交流电力
10	I/O 控制板	监控各种开关到位、模块指示灯、报警器

读写模块：

(1)电源：DC 24 V。

(2)包含充值感应区、读写器、大天线。

乘客在处理储值票时，需要把储值票放在充值感应区上，设备能够自动检测到卡信息。天线检测储值票是否到位，读写器对有效的储值票进行读写操作，能够读写完整的票卡信息。当检测到储值票时，乘客可以按照乘客显示屏的提示对储值票的余额进行查询或者充值。将自动锁定储值票处理模块，乘客在车票处理过程中不能够移动储值票，在车票处理完成(或取消)后，乘客显示屏会提示乘客取回储值票。

2.9 半自动售票机(BOM)

2.9.1 功能概述

半自动售票机(BOM)主要通过操作员的操作来处理各种票卡业务。提供对市域铁路专用车票、一卡通车票的售票、补票、充值、替换、退款、查询、车票分析、收益管理等。具有通过打印机来打印使用清单的功能以及安全保护功能。BOM 的功能可划分为：面向乘客功能、面向运营功能、面向维修功能。BOM 支持孤岛运营，可以独立对票卡进行处理，数据暂存本地，待与 SC 恢复通信连接之后进行数据上传等工作。BOM 在处理与乘客有关的业务时，可以通过乘客显示器显示相关信息，如充值金额、票卡余额等。

2.9.2 设备构成

半自动售票机(BOM)是由主控单元、操作显示器、乘客显示器、打印机、读写器(标准读写器、二维码读写器、桌面读写器)、二维码读头、票卡发售模块、电源、鼠标键盘等独立设备组成，它们通过相应线缆进行连接。BOM 放置在客服中心，根据位置不同而具有售票、补票和售补票功能，如图 2.77 和图 2.78 所示。

BOM 模块供电表见表 2.19。

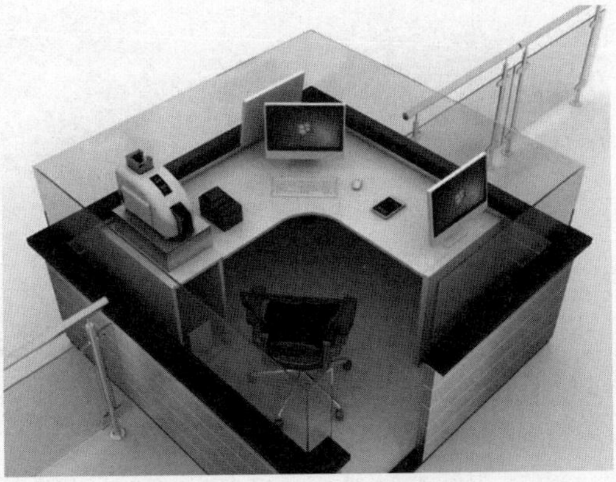

图 2.77　BOM 现场概念图

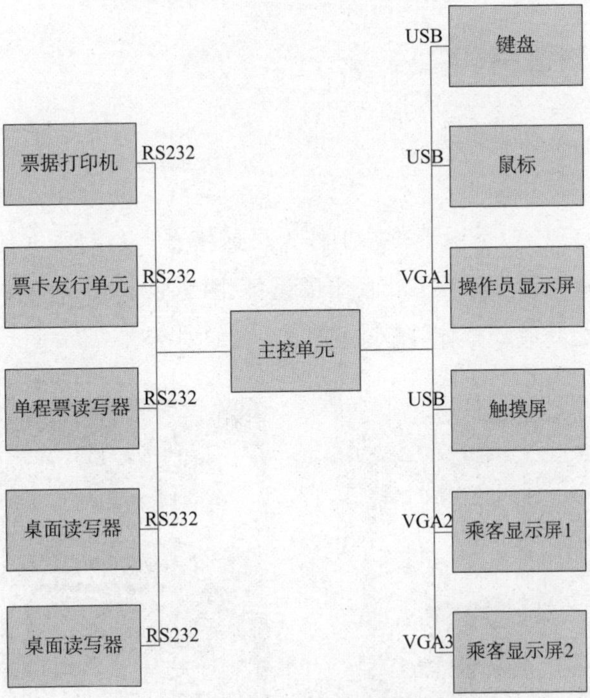

图 2.78　主控单元通信接口图

表 2.19　BOM 模块供电表

序号	货 物 名 称	供　电
1	主控单元	DC 24 V
2	一体化操作显示器	DC 12 V，USB 直供
3	乘客显示器	DC 12 V
4	打印机	DC 24 V
5	单程票发售单元	DC 24 V
6	读写器	DC 12 V

1. 读写模块

(1)桌面读写器(图 2.79)

对单程票、储值票、员工票、福利票等进行读、写校验以及配合 BOM 对单程票、储值票、福利票等进行更新、赋值、发售。

(2)单程票发售模块

车票处理单元带有最大存储容量为 300 张的储票箱 1 个,最大存储容量为 50 张的废票箱 1 个,支持连续多张赋值出票。

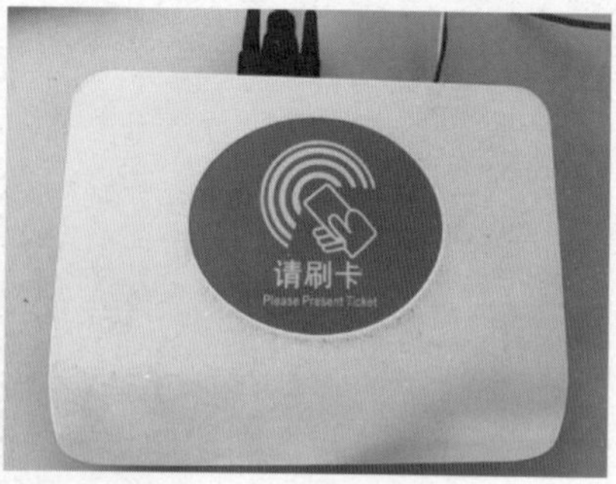

图 2.79 桌面读写器

2.10 便携式验检票机(PCA)

2.10.1 功能概述

便携式验检票机(PCA)是用于车站工作人员或稽查人员对乘客使用车票进行检查的设备,能够读取市域铁路专用车票及市民卡的设备(图 2.80)。可在不同的车站与不同区域(付费区/非付费区)之间移动操作,减小运营损失及应对大客流,方便对乘客检验票。

图 2.80 便携式验检票机

PCA 采用 64 位主流处理器为控制单元,产品结构紧凑,功能实用,操作简单,并具低功耗特性。它拥有多项专用技术,能够保证产品性能更加稳定强劲。整机采用工业级设计,其环境适应能力较强。

PCA 通过 USB 传输接口与 SC 进行通信，包括下载参数数据、下载黑名单数据、上传交易数据、下载更新软件等。SC 工作站上有相应的软件、硬件接口实现与 PCA 下传运行参数和接收数据。PCA 使用前需更新系统参数，并具备严格的权限管理功能。

PCA 采用 PE900S 机型外壳。采用可充式电池供电，对电池可进行反复充电。刷卡区域在显示屏背面的凸起处。

PCA 支持 4 个 PSAM 卡槽，其中 PSAM1 和 PSAM3 在上面，PSAM2 和 PSAM4 在下面。

PCA 可实现的功能有：

PCA 通过 LCD 显示器显示检票和验票结果，并显示记录在车票上的交易信息，如票种、票值、有效期、无效原因、应收票价等。根据计费规则和费率表，可以对车票进行检票的处理。便携式检票机可在不同车站和不同区域（付费区/非付费区）移动工作，操作时显示交易信息。

PCA 为离线工作设备，配置一个 USB 外接数据传输接口与车站系统（SC）工作站进行数据通信，下载系统软件和所需的运行参数，上传交易数据。PCA 可显示当前运行的参数的建立时间。

PCA 有票卡查询、进出站交易、黑名单锁卡、下载最新程序和参数、上传交易记录的功能。

PCA 对车票验票包括以下内容：

（1）车票票种合法性检查；

（2）黑名单检查；

（3）密钥安全性检查；

（4）余值/乘次超额检查；

（5）有效期、过期日期检查；

（6）最近 10 条交易记录（储值票适用）。

作车票查询时，可同时适用于车站付费区与非付费区。

PCA 通过 LCD 显示器显示验票结果，并显示记录在车票上的所有交易信息，如票种、票值、有效期、进出站时间、进出站地点等。验票对票卡只进行读操作，不具备信息的写入功能。

PCA 业务处理流程如图 2.81 所示。

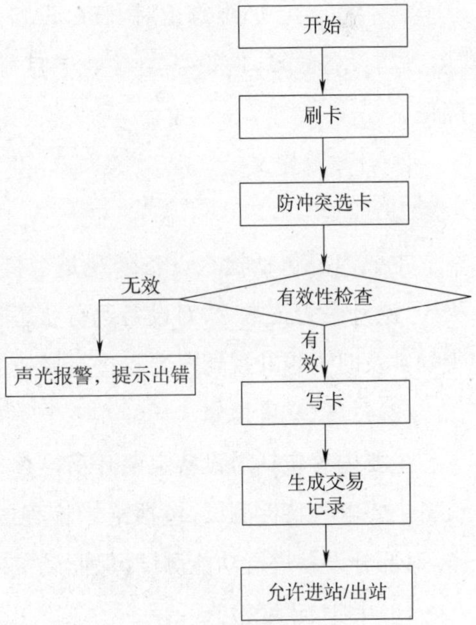

图 2.81　处理流程图

第3章 自动售检票（AFC）系统运行与维护

3.1 自动售检票(AFC)系统维护概述

自动售检票系统设备的预防性维护，主要包括为保障系统设备持续良好运行而进行的计划性检修，以及根据系统设备具体部件运行参数进行的清理、润滑、调整、更换，主要工作可分为按周期检修、按使用频次检修、故障发生检修等多种方式。具体检修内容一般以各城市地铁正式发布的检修规程为准。

1. 修程修制定义

AFC 设备维护工作由维修、中修、大修三部分组成。功能测试是 AFC 设备维护工作的重要内容之一，包含在维修、中修、大修之中。

为保持或恢复运营设备处于能执行规定功能的状态所进行的所有技术和管理工作，包括监督活动。AFC 维修是对 AFC 设备进行的日常养护和集中检修，通过维修保持设备性能，预防设备故障，使设备经常处于良好的运用状态。AFC 维修包括计划修、状态修、故障修。

2. 计划修定义

(1)巡检

主要内容包括检查设备外观是否良好，基础是否稳固；设备运行是否正常、平稳，有无噪声，温升是否正常等；对设备运行状态、指示、表示进行监测、记录；检查指示是否超标，发现异常及时上报并视情况要点进行调校、排除。

(2)月度、季度检修

主要内容包括对设备定期开箱检查，设备内、外部清洁、检查接线端子；紧固各部螺丝、设备主要电气特性测试，包括绝缘检查或测试和对设备关键、主要部件进行检查、测试、调整，对部分设备进行功能测试，保证设备处于良好运行状态。

(3)半年、年度检修

主要内容包括对设备的机械特性与电气特性进行全面测试、接地线对地绝缘的测量、对设备主要、关键部位、部件进行分解、检查、调整，更换易损部件与零小配件；对软件进行数据备份，对冗余的服务器及交换机等进行倒切测试。

(4)季节性检修

主要内容包括恶劣气候对设备造成一定危害的工作，对全线设备的安装进行调整、稳固、加固、水平位置测量，设备房的温湿度测量，清理设备表面油蚀及锈蚀，防止暗敷线槽积水、设备积水，避免对设备造成伤害，以此来提高线路设备抵御恶劣气候、外力破坏的防御能力，大幅度提高设备运行的可靠性。

3. 状态修定义

根据设备特性变化状态有针对性地进行维修。实行状态修的基本条件是该设备具备有效的自检、监测、报警、冗余等功能和手段，结合日常预防性工作，能够随时掌握该设备工作状态及变化趋势，根据电气特性的报警信息，预防可能出现的故障。

4. 故障修定义

设备或部件出现故障导致其全部或部分使用功能丧失时，为恢复其原有功能而进行的维修工作。故障修分为一般故障修和应急修。应急修指设备故障后，通过重启、复位、调整、部件替换等基本操作，为快速恢复设备的基本功能、维持运营服务活动而进行的紧急维修作业。

3.2 清分中心(ACC)系统的运行与维护

3.2.1 清分中心系统的操作

轨道交通(ACC)系统的主要功能包括如下几个方面：

(1)ACC制定AFC系统运营的各项规则，包括：车票、票价、清算、对账业务规则、车票使用管理及调配流程、运营模式控制管理流程、运营参数、安全管理的流程与授权、终端设备统一乘客服务界面、系统接口和编码规则等。

(2)ACC统一发行轨道交通车票，并进行车票的动态调配和跟踪，实现轨道交通各线路统一的车票发行及车票管理。

(3)ACC通过其全局票务与安全系统支撑各线路AFC系统运行，负责收集、统计、分析、查询运营数据，负责“一卡通”车票交易收益在轨道交通系统不同线路之间的清分，实现轨道交通系统与“一卡通”系统间的清算、对账。

(4)ACC下发各类参数和命令，确保整个AFC系统正常、安全运营。

(5)ACC具备时钟同步功能，提供轨道交通AFC系统的时钟源。

(6)ACC设有编码分拣机(ES)设备，ES具有对车票的初始化、赋值、分拣、校验、注销等功能。

(7)ACC 统一管理 AFC 系统密钥。

(8)ACC 统一向一卡通公司发送“一卡通”票卡在轨道交通的使用记录,接收一卡通公司发送的“一卡通”清分对账记录。

ACC 软件功能及操作界面如图 3.1～图 3.7 所示。

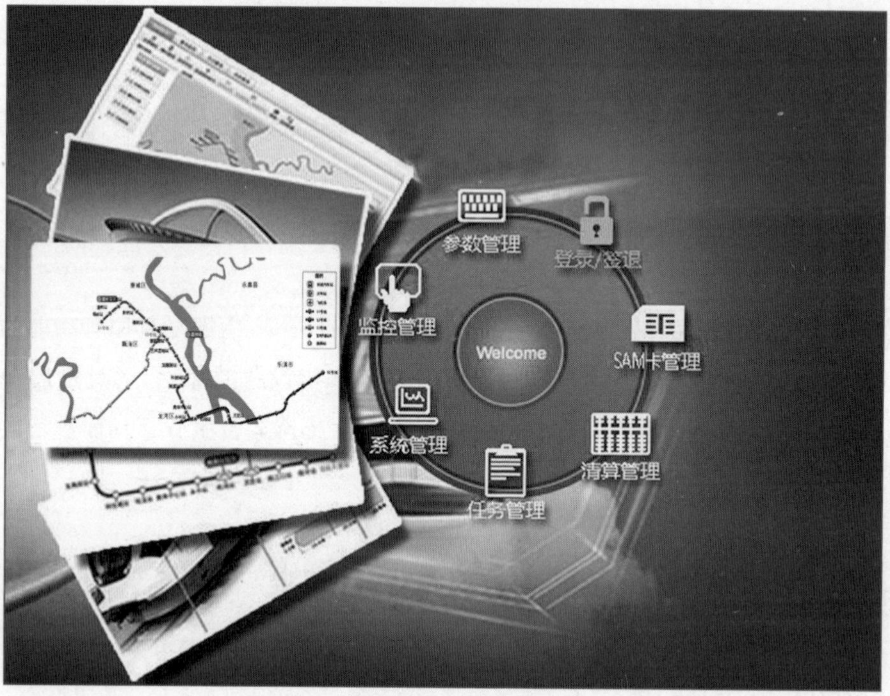

图 3.1 工作台选择界面

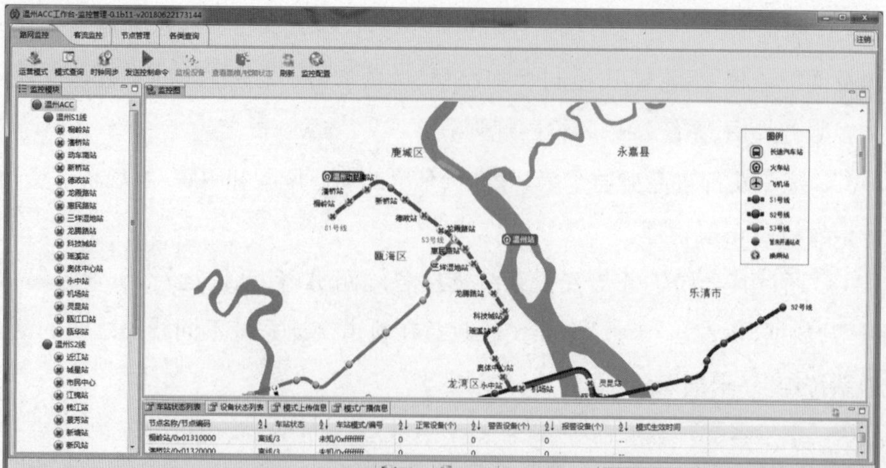

图 3.2 监控管理工作界面

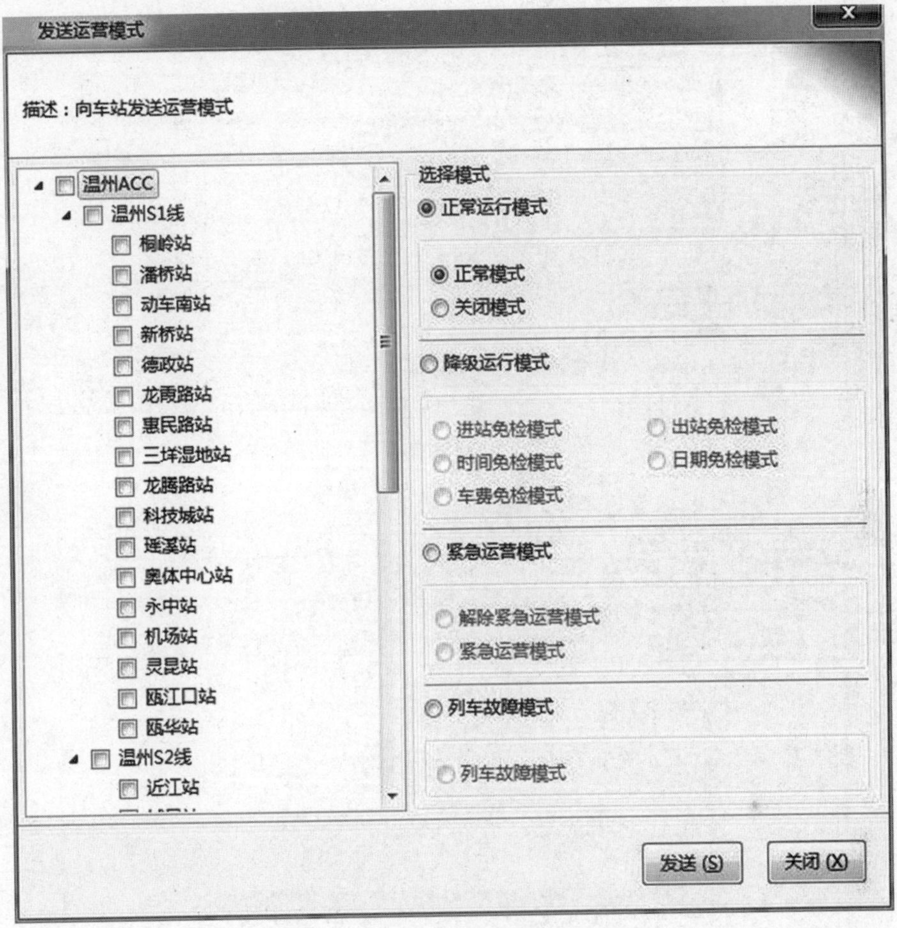

图 3.3　运营模式发送窗口

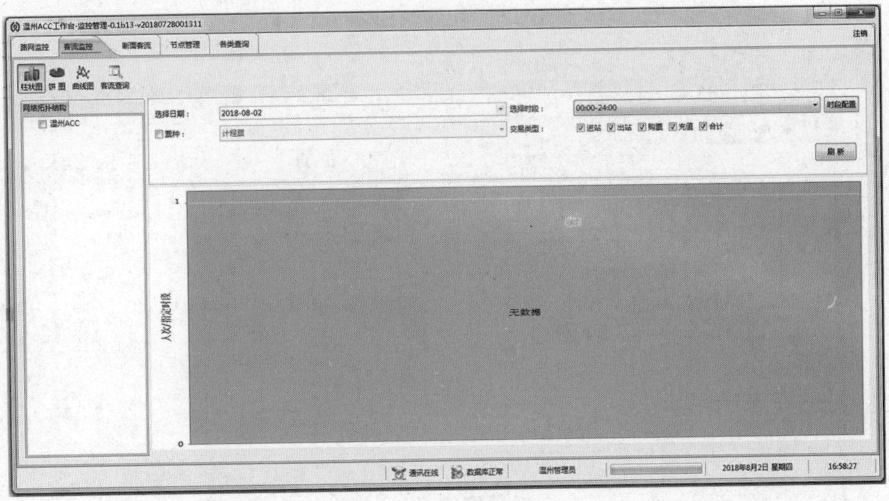

图 3.4　客流监控界面

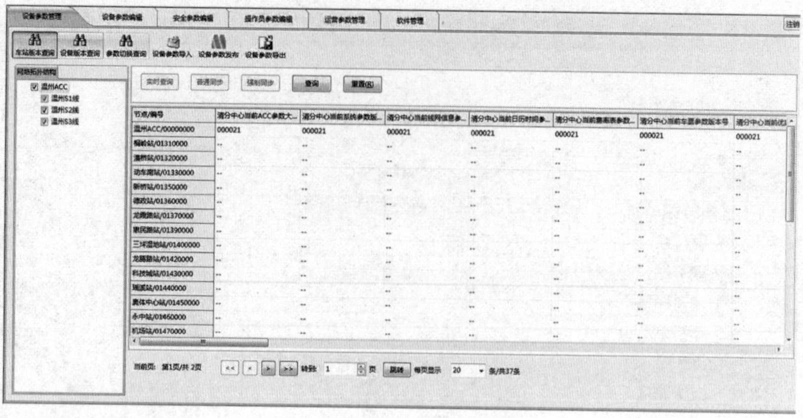

图 3.5　设备参数管理界面

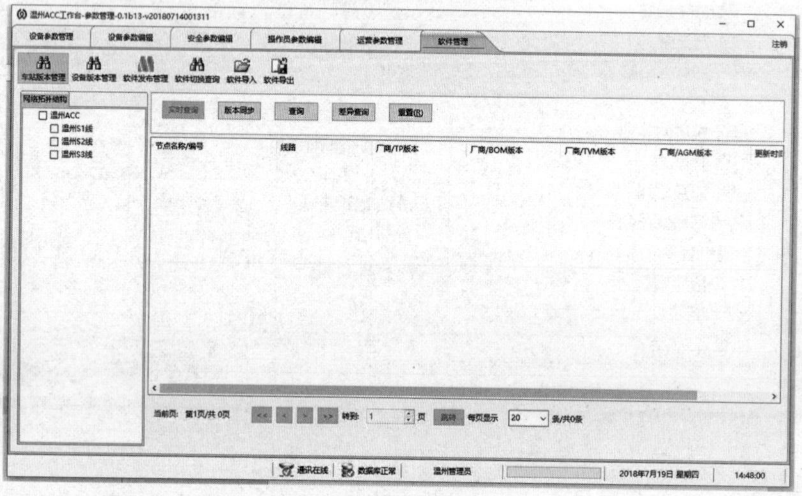

图 3.6　软件管理界面

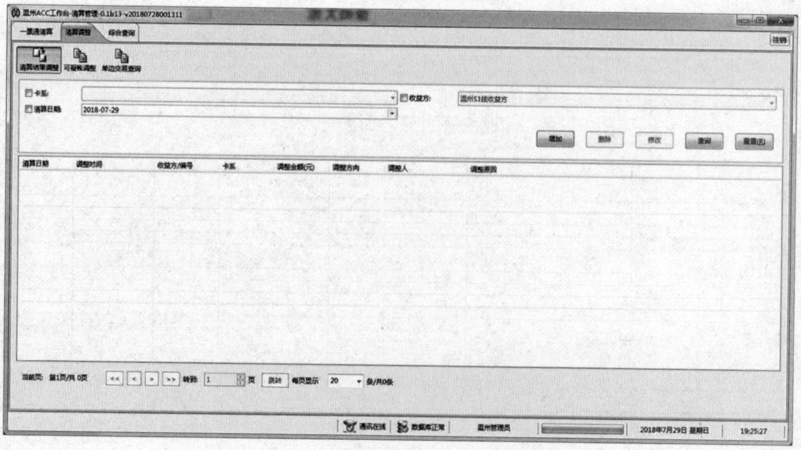

图 3.7　清算调整界面清算调整界面

3.2.2　清分中心系统的维护

(1)各线缆固定正确、牢固、无松脱、破损。

(2)不存在异常声响,如硬盘、风扇等。

(3)服务器、存储、磁带库的故障灯应处于熄灭状态。

(4)磁带库、交换机上,插有光纤的光口状态灯应亮绿灯。

(5)交换机、防火墙等设备上,所有插有网线的网口状态灯应亮绿灯。

(6)大屏显示系统的投影机应能正常启动并处于良好的工作状态。

(7)编码分拣机在电源驱动后,主要部件进行初始化,初始化结果会予以提示,各机构能正常工作。

(8)编码分拣机可以通过车票编码(初始化)操作将新票的密钥改成市域铁路正式密钥,将车票初始化为指定的票种,并将售检票信息区域写成初始状态。

(9)编码分拣机可以通过分拣操作将流通票依据分拣条件,将车票分拣到不同票盒。

(10)编码分拣机可以通过注销操作将流通票依据注销条件,将满足条件的车票注销。

(11)通过编码分拣机可以发行大量的预赋值票。

(12)票卡清洗机在电源驱动后,各执行机构应能正常运作。

(13)票卡清洗机可以根据使用情况调整洗卡速度或时间。

(14)票卡清洗机可以对已清洗的票卡数量进行统计计数。

(15)季度检修包含月度检修项目,年度检修包含月度检修、季度检修项目。

清分中心及灾备系统检修见表3.1。

表3.1　清分中心及灾备系统检修表

修程	检修内容	检修方法	评定标准	周期
巡检	机房环境巡检	查看温湿度计测量机房温度	测量机房温度,正常应在15～25 ℃	每日
		查看温湿度计测量机房相对湿度	测量机房相对湿度,正常应在20%～80%	
		检查并清洁机房卫生	无明显灰尘及纸屑	
	机房硬件设备巡检	目测检查机房内各线缆,是否处于固定正确、牢固、无松脱和破损状态	固定正确、牢固、无松脱和破损状态	
		检查机房内声音,有无明显的杂声(如风扇、硬盘)	无明显的杂声(如风扇、硬盘)	
		检查服务器、存储、磁带库的故障灯是否处于熄灭状态	服务器、存储、磁带库的故障灯应处于熄灭状态	
		检查服务器、磁带库、交换机、防火墙上,插有光纤的光口状态灯及插有网线的网口状态灯	插有光纤的光口状态灯及插有网线的网口状态灯应亮绿灯	
	AFC配电箱	检查配电箱外观是否正常,有无水滴凝结、锈蚀	无明显破损、锈蚀现象,无水滴凝结	

续上表

修程	检修内容	检修方法	评定标准	周期
月度检修	机房、ACC设备清洁	使用毛刷、清洁布清洁服务器、磁盘阵列表面灰尘	无灰尘、无积垢	每月
		使用毛刷、清洁布清洁硬件防火墙、网络设备表面灰尘	无灰尘、无积垢	
		使用毛刷、清洁布清洁不间断电源系统表面灰尘	无灰尘、无积垢	
		使用毛刷、清洁布清洁各机柜表面灰尘	无灰尘、无积垢	
		使用毛刷、清洁布清洁大屏显示系统	清洁大屏显示系统	
		使用毛刷、清洁布清洁编码分拣机表面灰尘	无灰尘、无积垢	
		使用毛刷、清洁布清洁打印机表面灰尘	无灰尘、无积垢	
		使用毛刷、清洁布清洁票卡清洗机表面灰尘	无灰尘、无积垢	
	网络设备	目测电源状态指示灯灯位显示	绿灯常亮	
		手触线缆固定是否正确、牢固	牢固、无松脱	
		目测查看设备运行状态指示灯灯位显示	绿灯常亮	
		目测查看设备网口状态指示灯	绿灯常亮	
		目测查看设备光口状态指示灯	绿灯常亮	
	电源系统	查看配电箱内线头是否固定	配电箱内连接线缆牢固	
		清洁配电箱、电池组机箱外部灰尘	无灰尘、无积垢	
		清洁配电箱、电池组机箱内部灰尘	无灰尘、无积垢	
季度检修	机房、ACC设备清洁	同月度检修	同月度检修	每季度
		检查所有风扇是否运行正常	风扇运行正常	
		检查接地线是否正常	接地线外观无损坏、接线良好无松动	
	网络设备	同月度检修	同月度检修	
		检查网络电缆接口处是否松动、标签是否完好	网络电缆接口处未松动、标签完好	
		使用毛刷、清洁布清理表面灰尘	无灰尘、无积垢	
		使用毛刷、清洁布清理散热口处、散热风扇的灰尘	无灰尘、无积垢	
	电源系统	同月度检修	同月度检修	
		检查配电箱内所有接线处标签是否完好	配电箱内所有接线处标签是否完好	
	编码分拣机	检测各电磁铁的功效	动作流畅、无卡阻	
		给各轴承添加润滑油	润滑油适当	
		使用毛刷、清洁布清洁传感器探头	无灰尘、无积垢	
	票卡清洗机	使用毛刷、清洁布清洁票卡清洗机深度清洁、检修	票卡清洗机深度清洁、检修	

续上表

修程	检修内容	检修方法	评定标准	周期
年度检修	机房、ACC设备清洁	同月度检修、季度检修	同月度检修、季度检修	每年
	网络设备	同月度检修、季度检修	同月度检修、季度检修	
		主备机工作状态检查	主备机同步	
	电源系统	同月度检修、季度检修	同月度检修、季度检修	
		配电箱内所有断路器工作是否可靠，是否可靠地接通和开通电路	配电箱内所有断路器工作可靠，能够可靠地接通和开通电路	
	编码分拣机	同季度检修	同季度检修	
		检查各部件的磨损情况	不影响正常使用	
		更换已磨损部件	更换已磨损部件	
		紧固各主要部件螺丝	紧固各主要部件螺丝	
	数据库服务器数据整理及机器清洁	使用毛刷、清洁布清洁服务器机箱里面部件	清洁服务器机箱里面部件	

3.3　车站计算机(SC)系统的运行与维护

3.3.1　车站计算机系统的操作

车站计算机系统的主要功能是对第二层车站终端设备进行状态监控、以及收集本站产生的交易和审计数据，规定了系统的数据管理、运营管理及系统维护管理的技术要求。

车站计算机系统功能及操作界面如图 3.8～图 3.15 所示。

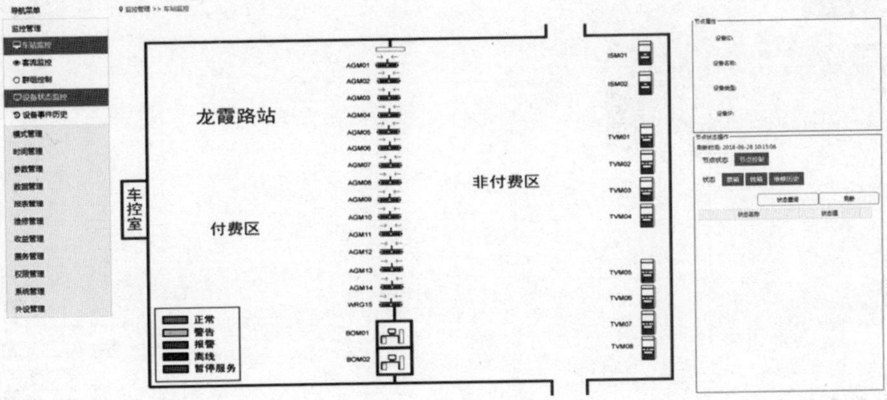

图 3.8　车站监控

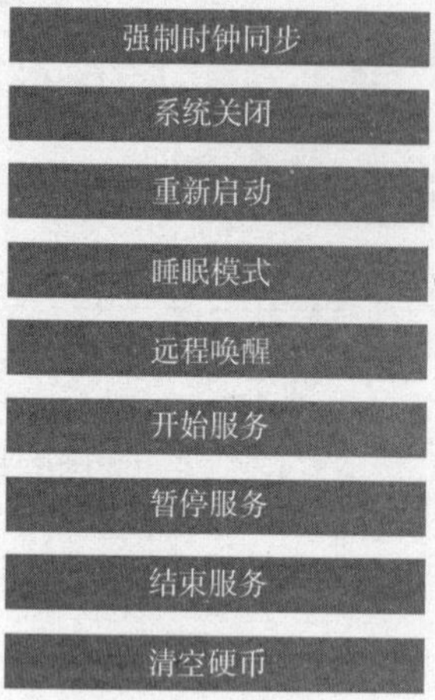

图 3.9　设备节点控制群组控制功能

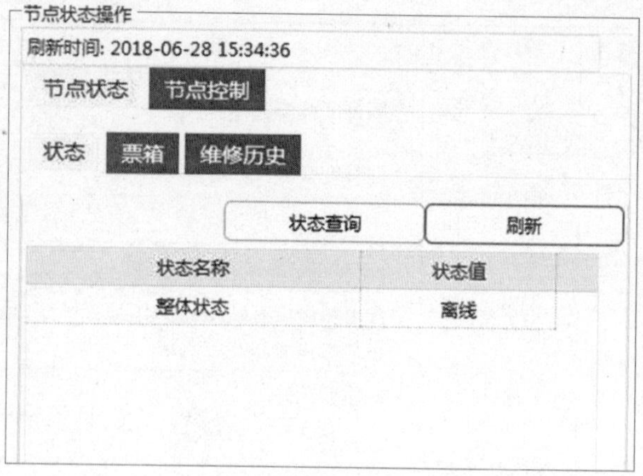

图 3.10　设备状态显示

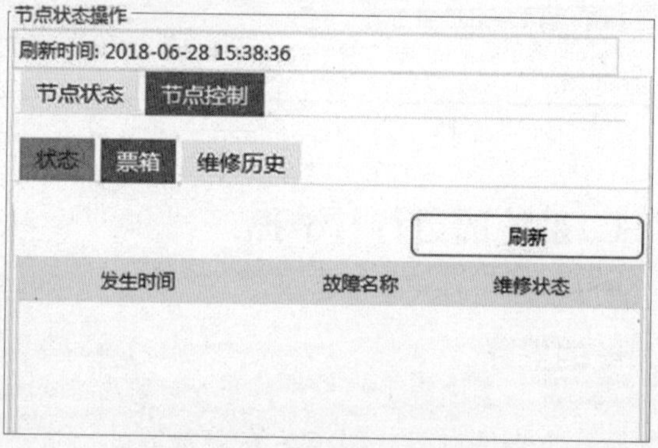

图 3.11　设备维修历史信息

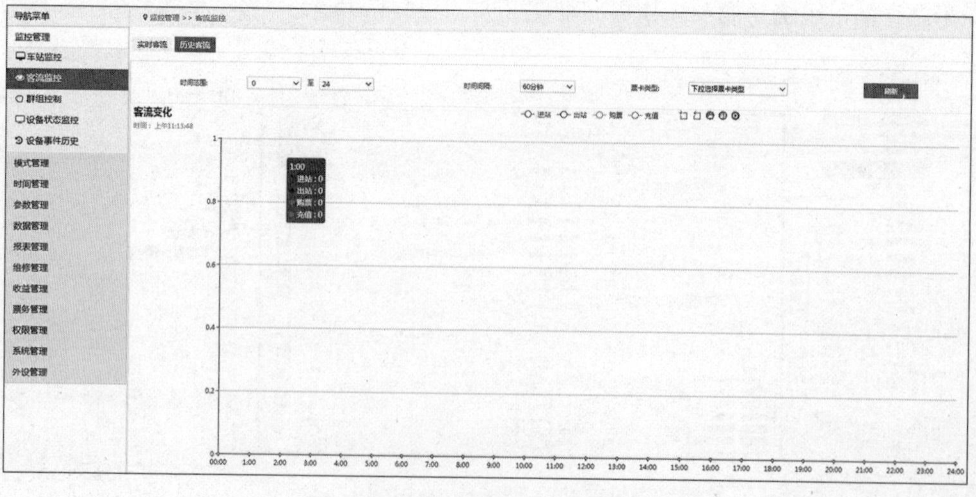

图 3.12　车站客流监控

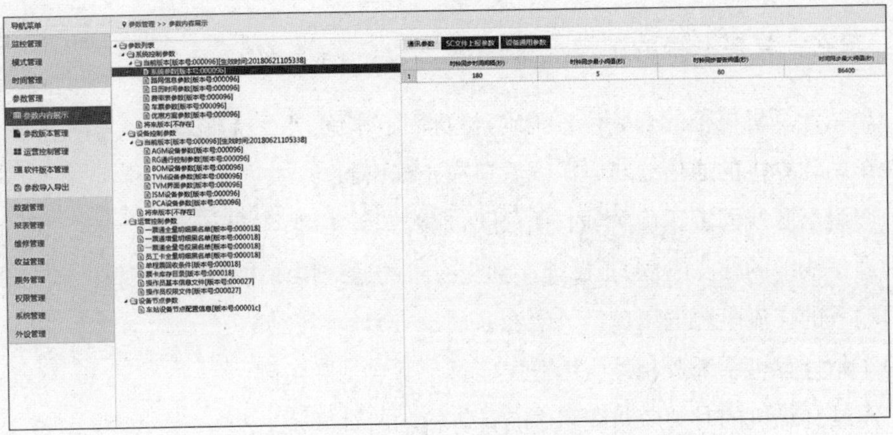

图 3.13 车站参数管理

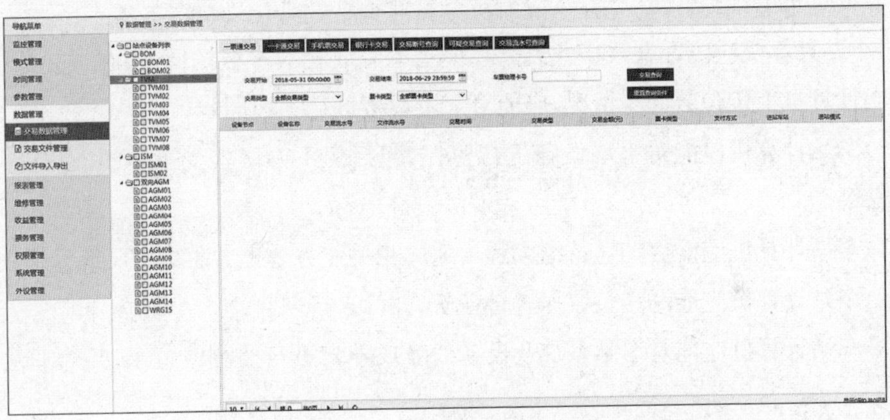

图 3.14 车站交易数据管理

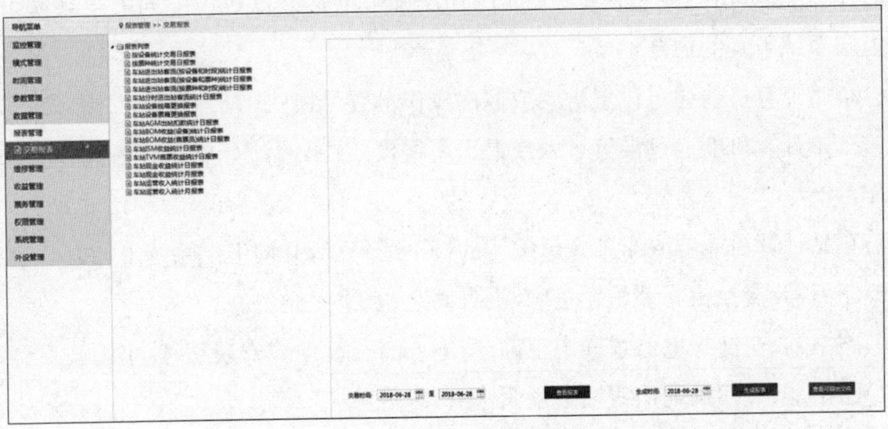

图 3.15 车站交易报表管理

3.3.2 车站计算机系统的维护

(1)车站计算机机柜的安装位置正确，机身固定牢固，水平无倾斜。

(2)车站计算机的通信线与电源线管口应正确密封。

(3)交流电源线固定正确、牢固、无松脱，地线安装正确、牢固。

(4)通信线缆的插头紧固，正确连接到交换机的通信接口上，无松脱现象。

(5)输入的交流电源电压满足 AC 220×(1+10%)～220×(1−15%) V。

(6)车站计算机系统及相关应用程序能够正常启动和关闭。

(7)车站计算机的时钟应与线路中心计算机的时钟同步。

(8)车站计算机应能在在线模式或离线模式下完成相应软件的更新；在线模式下，应向线路中心计算机上传软件更新情况，应能对下层设备软件进行更新。

(9)车站计算机应能在在线模式或离线模式下完成相应参数的同步；在线模式下，应向线路中心计算机上传参数同步情况，应能对下层设备进行参数同步。

(10)车站计算机应能对下层设备进行监控，包括但不限于接受上传的数据、对下层设备发送命令。

(11)车站计算机应能启动运营结束程序完成相关业务处理并生成相关统计报表。

(12)车站计算机应能对相关数据进行备份，并可进行恢复。

(13)车站计算机应能对车站系统及设备故障或异常进行监测或提示，并对非法操作进行报警。

(14)车站计算机应保持与 ACC 系统、线网维修系统的通信不中断。

(15)在与 AFC 清分中心系统有通信的情况下，车站计算机应能向上层系统上传数据和响应上层系统下发的命令。

(16)车站计算机能通过设置进入或退出操作员登录模式。

(17)车站计算机能通过设置进入或退出离线模式；车站计算机离线模式不影响下层设备的运作。

(18)车站计算机能响应车站紧急按钮的按下或释放，并向上层系统上传紧急信息。

(19)路由器、交换机安装位置正确，机身固定、水平无倾斜。

(20)路由器、交换机电源线固定正确、牢固、无松脱，地线安装正确、牢固。

(21)路由器、交换机通信线插头紧固，无松脱现象。

(22)路由器、交换机指示灯应为正常。

车站计算机系统检修表见表 3.2。

表 3.2 车站计算机系统检修表

修程	检修内容	检修方法	评定标准	周期
巡检	车站计算机日常检查	通过AFC系统的监控工作站检查车站服务器与终端设备、ACC连接是否正常，有无告警信息	车站服务器与终端设备、ACC连接正常，无告警信息	每日
		目测检查系统时间是否正常	检查系统时间正常	
		目测检查机房内各线缆，是否处于固定正确、牢固、无松脱和破损状态	检查机房内各线缆，处于固定正确、牢固、无松脱和破损状态	
		目测检查机房内声音，有无明显的杂声(如风扇、硬盘)	检查机房内声音，无明显的杂声(如风扇、硬盘)	
		目测检查服务器、交换机的故障灯是否处于熄灭状态	检查服务器、交换机的故障灯应处于熄灭状态	
		目测检查服务器、交换机、光电转换上，插有光纤的光口状态灯及插有网线的网口状态灯	插有光纤的光口状态灯及插有网线的网口状态应亮绿灯	
		目测检查紧急按钮控制盒灯位是否正常	紧急按钮控制盒灯位正常	
月度检修	机房清洁	使用毛刷、清洁布清洁服务器表面灰尘	无灰尘、无积垢	每月
		使用毛刷、清洁布清洁硬件防火墙、网络设备表面灰尘	无灰尘、无积垢	
		使用毛刷、清洁布清洁紧急按钮控制盒表面灰尘	无灰尘、无积垢	
	SC主机	使用毛刷、清洁布清洁主机表面灰尘	无灰尘、无积垢	
	服务器	手触检查线缆连接是否准确、固定是否牢靠	线缆连接准确、固定牢靠	
	SC工作站	检查车站计算机系统软件相关的服务和进程是否正常	车站计算机系统软件相关的服务和进程正常	
	配电箱(通信机房、客服中心)	使用毛刷、清洁布清洁配电箱外部表面及内部灰尘，目测检查箱体是否有锈蚀	无灰尘、无锈蚀	
季度检修	机房清洁	同月度检修	同月度检修	每季度
	SC主机	同月度检修	同月度检修	
	服务器	同月度检修	同月度检修	
	SC工作站	同月度检修	同月度检修	
	电源系统	检查配电箱内所有接线处标签是否完好	检查配电箱内所有接线处标签完好	
	网络	检查网络电缆接口处是否松动、标签是否完好	检查网络电缆接口处未松动、标签完好	

续上表

修程	检修内容	检修方法	评定标准	周期
年度检修	机房清洁	同月度检修	同月度检修	每年
		使用毛刷、清洁布清洁散热风扇	无灰尘、无积垢	
	SC 主机	同月度检修	同月度检修	
	服务器	同月度检修	同月度检修	
	SC 工作站	同月度检修	同月度检修	
	电源系统	检查配电箱接线是否完好、触点是否氧化	配电箱接线完好、触点未氧化	
		同季度检修	同季度检修	
	网络	同季度检修	同季度检修	
		三层交换机冗余功能测试	冗余功能正常	
	设备线缆检查	手触检查所有设备线路是否有老化、松动、裸露、被老鼠咬的痕迹	线缆无损坏	
	群组控制测试	通过 SC 操作界面对全站设备进行下发群组控制命令	是否下发成功	

3.4 自动售票机(TVM)的运行与维护

3.4.1 自动售票机(TVM)的运行

自动售票机(TVM)放置在车站非付费区，提供给乘客自助式使用，完成轨道交通车票售票功能，可进行硬币、纸币识别和储存，硬币、纸币找零。也可用支付宝、微信或银联闪付等方式完成购票。可以由站务人员完成补币、清币结算等工作。

TVM 功能及操作界面如图 3.16～图 3.21 所示。

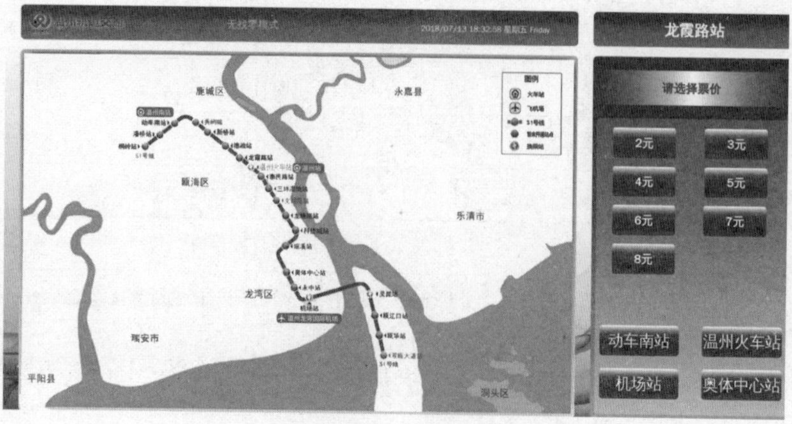

图 3.16 购票界面

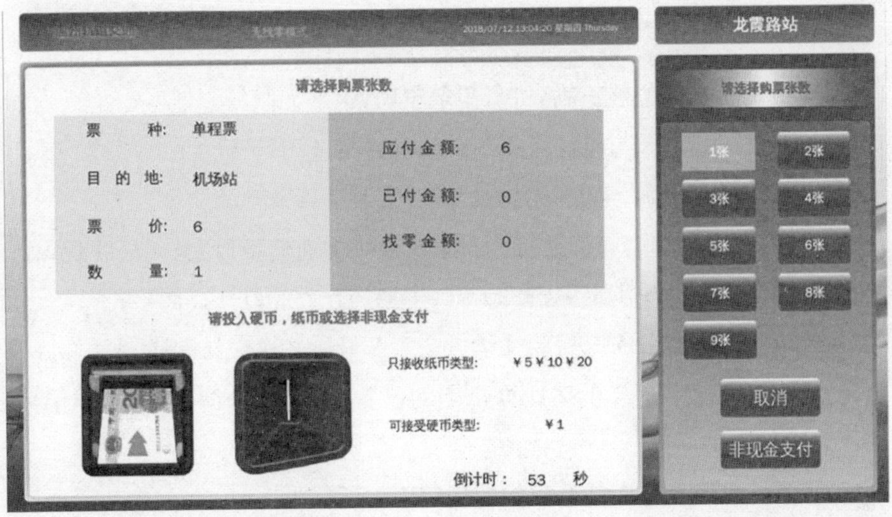

图 3.17　现金支付界面

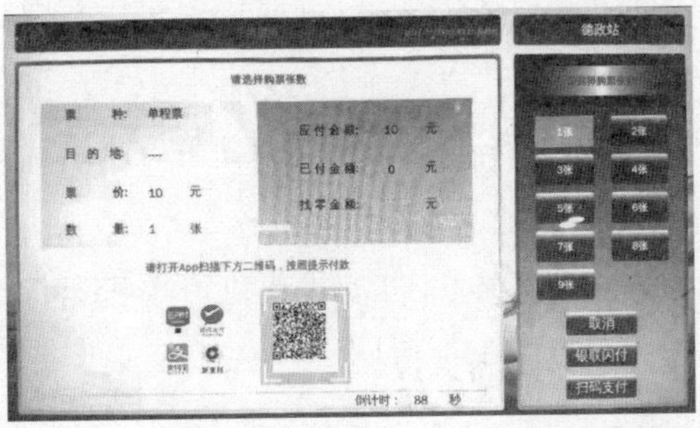

图 3.18　网络支付界面

图 3.19　银联支付界面

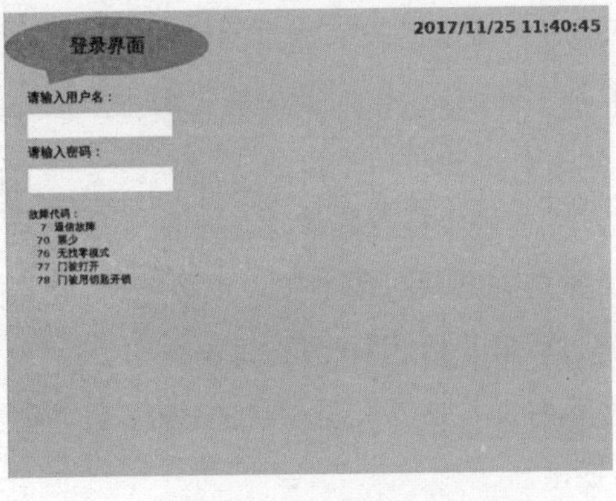

图 3.20　维护面板

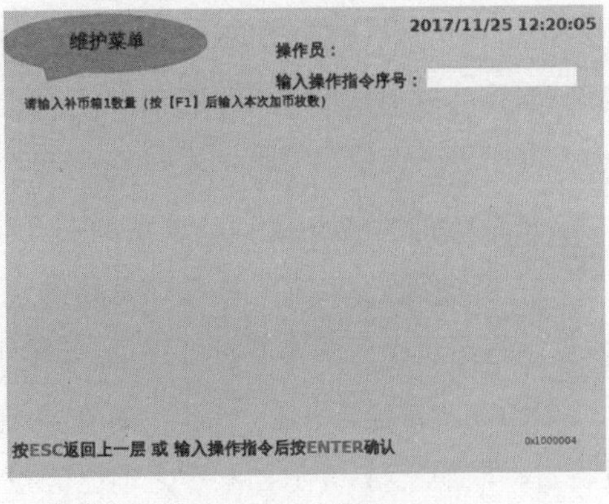

图 3.21　加币界面

3.4.2 自动售票机(TVM)的维护

(1)自动售票机的安装位置正确,机身固定牢固,水平无倾斜。

(2)自动售票机的通信线与电源线管口应正确密封。

(3)交流电源线固定正确、牢固、无松脱,地线安装正确、牢固。

(4)通信线缆的插头紧固,正确连接到自动售票机的通信接口上,无松脱现象。

(5)输入的交流电源电压满足 AC 220×(1+10%)~220(1−15%) V。

(6)后备电源应在主电源断电后能持续供电直至最后一次交易完成。

(7)自动售票机的设置应与车站计算机上的设置一致,设备编号与车站计算机上的设置一致。

(8)自动售票机应保持与车站计算机的通信不中断。

(9)自动售票机应能及时将交易数据和审核数据上传至车站计算机,并能完全准确接收车站计算机下载的参数文件。

(10)在车站计算机上可查询自动售票机的状态信息和库存信息,自动售票机应实时反馈相应信息。

(11)在与车站计算机有通信的情况下,时间应实时与车站计算机同步;在与车站计算机没有通信的情况下,可本地设置时间。

(12)在与车站计算机通信中断或车站计算机故障的情况下,自动售票机可单机运行并保存 7 d 的数据,当恢复通信后自动售票机可将保存数据重新上传。

(13)自动售票机人机界面的购票指引完整清晰。

(14)在正常运营状态下,自动售票机应能及时地显示乘客选择的目的车站、票价及购票张数等信息,显示清晰、准确。

(15)在正常运营状态下,自动售票机应能正确显示乘客已投入钱币的价值,显示清晰、准确;当乘客取消操作或操作超时而机器自动取消交易后,已投入钱币通过退币口返还给乘客,同时投入币值显示清零;在设备发生故障的情况下,投币口不打开。

(16)自动售票机应能接收合法的一元硬币,非法的硬币将在退币口直接退还。

(17)正常运营状态下,在车票开始发售之前,乘客在购票过程中按取消按钮,可终止交易,自动售票机退回乘客所投入钱币;若车票发售过程已开始,则取消键无效。

(18)在正常运营状态下,若没有在规定的时间内投入足够支付票价的钱币,自动售票机将自动取消交易,并退回乘客之前已经投入的钱币。

(19)在正常运营状态下,自动售票机在乘客投入的币值达到或超出票价后,开始发售车票。在发售过程中,自动售票机根据参数表和票价表对车票进行读、写和校验,成功发售的车票将在出票口提供给乘客，不成功的车票将自动掉入废票箱内，并尝试下一张车票。

(20)在车票发售过程中，如出现卡票或连续发售失败情况，自动售票机将退出服务，并退还乘客之前已经投入的钱币。

(21)自动售票机应能监控钱箱以及钱箱存放座的状态，并能正确跟踪钱箱的更换(包括操作人员的情况和现金审计等)。

(22)自动售票机内的存储器记录车票处理的数据以及参数表，机器掉电不会造成数据丢失，其数据应与车站计算机上的数据一致。

(23)自动售票机应能正确检测维修门的状态。

(24)自动售票机本地可设置自动售票机进入维护模式，在此模式下，可对自动售票机进行各项测试。

(25)季度检修包含月度检修项目，年度检修包含月度检修、季度检修项目。

自动售票机检修表见表3.3。

表3.3　自动检票机检修表

修程	检修内容	检修方法	评定标准	周期
巡检	设备工作状态日常检查	目测检查乘客显示屏显示是否正常	乘客显示屏显示正常	每日
		手触检查触摸屏操作是否正常	触摸屏操作正常	
		目测检查运营状态显示器显示是否正常	运营状态显示器显示正常、无坏点	
		目测检查投币口、取票口指示灯显示是否正常	投币口、取票口指示灯显示正常	
		点击购票检查纸币、硬币投币口开合是否正常	纸币、硬币投币口开合正常	
		目测检查维护风扇运行是否正常	维护风扇运行正常	
		目测检查维护面板是否正常	维护面板显示正常、无故障信息	
		目测检查设备运行是否稳定	设备运行稳定	
		检查设备有无异常声响	设备无异常声响	
	时钟检查	通过SC检查TVM时钟是否异常	SC平台查看无时间异常告警	
月度检修	主控单元	手触检查主控单元表面各串口线缆安装是否牢固，线缆是否紧固	安装牢固、线缆紧固	每月
	I/O控制板	手触检查I/O控制板及各个接口板处线缆是否紧固，并清除板卡表面灰尘	线缆紧固、各元器件无异常现象、无灰尘	
	电源模块	使用毛刷、清洁布清洁电源模块及各线缆连接处、空气开关处及UPS的灰尘	无灰尘、安装牢固	
	纸币接收及识别模块	纸币接收及识别模清洁中，清洁纸币光学传感器、背板传输皮带、滚轴、机头底部传输通道、暂存筒、纸币模块表面及钱箱预留槽位	无灰尘、无污垢	

续上表

修程	检修内容	检修方法	评定标准	周期
月度检修	纸币接收及识别模块	使用螺丝刀检查纸币钱箱的支架固定螺丝有无松动	纸币钱箱的支架固定螺丝无松动	每月
	纸币找零模块	使用毛刷、清洁布清洁纸币找零模块表面灰尘	无灰尘、无污垢	
		检查传送系统皮带和轴工作是否正常	传送系统皮带和轴工作正常	
		检查找零钱箱、废钞箱固定有无松动，且工作是否正常	固定无松动、且工作正常	
	检查维护门、维护风扇、维护灯	检查维护门开关是否顺畅，维护门门控开关、维护风扇、维护灯检测是否正常	维护门开关顺畅、维护门门控开关、维护风扇、维护灯检测正常	
		检查维护面板串口、电源、USB连接线缆是否牢固	显示正常、连接牢固	
		检查维修面板旋转动作是否有滞碍感，螺丝是否有松动	旋转动作正常，无滞碍感	
	硬币循环找零模块	检查硬币接收处理部件是否正常	硬币接收处理部件正常	
		清洁传感器、计数光感，硬币模块传送装置包括投币口金属转盘、通道、识别器	无灰尘、无污垢，计数正常	
	发卡模块	手触检查发卡模块安装是否稳固	发卡模块安装稳固	
		使用毛刷、清洁布清洁传输皮带、发卡模块出票口、电机、传输通道滚轮、刮票轮、天线板、发卡模块各传感器表面灰尘	无灰尘、无污垢	
		发卡模块滑轨是否有滞碍感，螺丝是否有松脱	滑轨动作正常，无滞碍感	
		检查发卡模块刮票轮间隙是否正常	连续测试发卡正常	
	维护打印机	使用毛刷、清洁布清洁维护打印机表面灰尘	无灰尘、无积垢	
		手触检查线缆是否紧固	线缆连接紧固	
	读写器	使用毛刷、清洁布清洁读写器表面灰尘，并检查线缆连线是否牢固	无灰尘，安装牢固	
	设备内部线缆检查	手触检查设备内部各模块线缆连接是否可靠，有无松脱	线缆连接可靠、无松脱	
	设备清洁	使用毛刷、清洁布清除设备内部及各模块表面灰尘	无灰尘、无积垢	
季度检修	主控单元	手触检查主控单元表面、内部及各串口线缆是否有灰尘，并检查其安装是否牢固，线缆是否紧固	无灰尘，安装牢固，线缆紧固	每季度
	I/O控制板	手触检查I/O控制板及各个接口板处线缆是否紧固，并清除板卡表面灰尘	线缆紧固，各元器件无异常现象，无灰尘	
	电源模块	使用毛刷、清洁布清洁电源模块及各线缆连接处、空气开关处及UPS的灰尘	无灰尘，安装牢固	

续上表

修程	检修内容	检修方法	评定标准	周期
季度检修	纸币接收及识别模块	使用毛刷、清洁布纸币接收及识别模清洁中,清洁纸币光学传感器、背板传输皮带、滚轴、机头底部传输通道、暂存筒、纸币模块表面及钱箱预留槽位	无灰尘、无污垢	每季度
		使用螺丝刀检查纸币钱箱的支架固定螺丝有无松动	纸币钱箱的支架固定螺丝无松动	
		使用毛刷、清洁布清洁导光条、入钞口弹簧、机头内部灰尘	无灰尘、无污垢、无松动	
	纸币找零模块	使用毛刷、清洁布清洁传感器、皮带、擦钞轮、从动轮、纸币找零模块表面灰尘	无灰尘、无污垢	
		检查传送系统皮带和轴工作是否正常	传送系统皮带和轴工作正常	
		检查找零钱箱、废钞箱固定有无松动,且工作是否正常	固定无松动,且工作正常	
		使用毛刷、清洁布清洁模块内的厚度传感器	厚度传感器达到标准规范	
	检查维护门、维护风扇、维护灯	检查维护门开关是否顺畅,维护门门控开关、维护风扇、维护灯检测是否正常	维护门开关顺畅,维护门门控开关、维护风扇、维护灯检测正常	
		检查维护面板串口、电源、USB连接线缆是否牢固	显示正常,连接牢固	
		检查维修面板旋转动作是否有滞碍感,螺丝是否有松动	旋转动作正常,无滞碍感	
	硬币循环找零模块	检查硬币接收处理部件是否正常	硬币接收处理部件正常	
		使用毛刷、清洁布清洁传感器、计数光感,硬币模块传送装置,包括投币口金属转盘、通道、识别器	无灰尘、无污垢,计数正常	
	硬币回收钱箱	使用螺丝刀检查钱箱内螺丝是否松动	钱箱内螺丝无松动	
		检查钱箱内注胶是否牢固	牢固、无脱胶	
	发卡模块	检查发卡模块安装是否稳固	发卡模块安装稳固	
		使用毛刷、清洁布清洁传输皮带、发卡模块出票口、电机、传输通道滚轮、刮票轮、天线板、发卡模块各传感器表面灰尘	无灰尘,无污垢	
		发卡模块滑轨是否有滞碍感,螺丝是否有松脱	滑轨动作正常,无滞碍感	
		检查发卡模块刮票轮间隙是否正常	连续测试发卡正常	
		拉手底部卡扣、拉手上下导向轴涂抹适量润滑油	润滑、上油均匀	
	读写器	使用毛刷、清洁布清洁读写器表面灰尘,并检查线缆连接是否牢固	无灰尘,安装牢固	

续上表

修程	检修内容	检修方法	评定标准	周期
季度检修	维护打印机	使用毛刷、清洁布清洁维护打印机表面灰尘	无灰尘、无积垢	每季度
		手触检查线缆是否紧固	线缆连接紧固	
	设备内部线缆检查	手触检查设备内部各模块线缆连接是否可靠，有无松脱	线缆连接可靠，无松脱	
	设备清洁	使用毛刷、清洁布清除设备内部及各模块表面灰尘	无灰尘、无积垢	
年度检修	主控单元	手触检查主控单元表面、内部及各串口线缆是否有灰尘，并检查其安装是否牢固，线缆是否紧固	无灰尘，安装牢固，线缆紧固	每年
	I/O 控制板	手触检查 I/O 控制板及各个接口板处线缆是否紧固，并清除板卡表面灰尘	线缆紧固，各元器件无异常现象，无灰尘	
	电源模块	使用毛刷、清洁布清洁电源模块及各线缆连接处、空气开关处及 UPS 的灰尘	无灰尘、无污垢	
		检查直流电源安装是否稳固，线缆连接是否可靠，工作是否稳定	直流电源安装稳固，线缆连接可靠并工作稳定	
		用万用表 AC 交流电压挡检查交流接线端电压是否在 AC $220\times(1+10\%)\sim 220\times(1-15\%)$ V 范围内	电压在标准范围内	
		使用毛刷、清洁布清洁电源模块内部，按步骤关闭 TVM 及空气开关。打开电源模块外壳，用吹风机清洁内部灰尘，用防静电毛刷清洁电源模块内部杂质	电源模块内无浮灰、绒絮	
		用万用表 DC 直流电压挡测试电源模块输出直流电源 a. $12\times(1\pm5\%)$ V DC；b. $24\times(1\pm5\%)$ V DC	电压在标准范围内	
	纸币接收及识别模块	使用毛刷、清洁布进行纸币接收及识别模清洁中，清洁纸币光学传感器、背板传输皮带、滚轴、机头底部传输通道、暂存筒、纸币模块表面及钱箱预留槽位	无灰尘、无污垢	
		使用螺丝刀检查纸币钱箱的支架固定螺丝有无松动	纸币钱箱的支架固定螺丝无松动	
		使用毛刷、清洁布清洁导光条、入钞口弹簧、机头内部灰尘	无灰尘、无污垢、无松动	
	纸币找零模块	使用毛刷、清洁布清洁传感器、皮带、擦钞轮、从动轮、纸币找零模块表面灰尘	无灰尘、无污垢	
		检查传送系统皮带和轴工作是否正常	传送系统皮带和轴工作正常	
		检查找零钱箱、废钞箱固定有无松动，且工作是否正常	固定无松动，且工作正常	
		使用毛刷、清洁布清洁模块内的厚度传感器	厚度传感器达到标准规范	

续上表

修程	检修内容	检修方法	评定标准	周期
年度检修	检查维护门、维护风扇、维护灯	检查维护门开关是否顺畅，维护门门控开关、维护风扇、维护灯检测是否正常	维护门开关顺畅，维护门门控开关、维护风扇、维护灯检测正常	每年
		检查维护面板串口、电源、USB连接线缆是否牢固	显示正常、连接牢固	
		检查维修面板旋转动作是否有滞碍感，螺丝是否有松动	旋转动作正常，无滞碍感	
	硬币循环找零模块	检查硬币投币口电磁铁	投币口开合正常	
		检查硬币接收处理部件是否正常	检查硬币接收处理部件正常	
		使用毛刷、清洁布清洁传感器、计数光感，硬币模块传送装置，包括投币口金属转盘、通道、识别器	无灰尘、无污垢、计数正常	
		检查模块导轨是否有变形，螺丝是否松动，检查拖链、滑轨是否有脱节和损坏现象	导轨无变形、螺丝无松动、拖链、滑轨拉入拉出正常	
		使用毛刷、清洁布清洁硬币模块传输皮带，并检查皮带是否有松弛现象	松紧适度、无老化	
		用润滑剂对进款计数部、塑料转盘、暂存部的连接轴承等进行注油	润滑、上油均匀	
	硬币回收钱箱	使用螺丝刀检查钱箱内螺丝是否松动	钱箱内螺丝无松动	
		检查钱箱内注胶是否牢固	牢固、无脱胶	
	发卡模块	手触检查发卡模块安装是否稳固	发卡模块安装稳固	
		使用毛刷、清洁布清洁传输皮带、发卡模块出票口、电机、传输通道滚轮、刮票轮、天线板、发卡模块各传感器表面灰尘	无灰尘、无污垢	
		发卡模块滑轨是否有滞碍感，螺丝是否有松脱	滑轨动作正常，无滞碍感	
		检查发卡模块刮票轮间隙是否正常	连续测试发卡正常	
		拉手底部卡扣、拉手上下导向轴涂抹适量润滑油	润滑、上油均匀	
	读写器	使用毛刷、清洁布清洁读写器表面灰尘，并检查线缆连接是否牢固	无灰尘，安装牢固	
	维护打印机	使用毛刷、清洁布清洁维护打印机表面灰尘	无灰尘、无积垢	
		手触检查线缆是否紧固	线缆连接紧固	
	螺丝螺母检查	使用螺丝刀检查设备螺丝螺母是否齐全且全部拧紧	设备螺丝螺母齐全且全部拧紧	
	扬声器检查	检查扬声器安装是否稳固，连线是否紧固	扬声器安装稳固，连线紧固	
	设备内部线缆检查	检查设备内部各模块线缆连接是否可靠，有无松脱，有无物理损坏	线缆连接可靠，无松脱、无物理损坏	

续上表

修程	检修内容	检修方法	评定标准	周期
年度检修	设备清洁	使用毛刷、清洁布清除设备内部及各模块表面灰尘	无灰尘、无积垢	每年
	终端设备蓄电池充放电测试	终端设备蓄电池充放电测试断开单台设备的空气开关；通过 SC 给单台设备下发命令是否成功	终端设备蓄电池充放电测试正常单台设备测试正常(充放电时间不超过 3 min)	

3.5 自动检票机(AGM)的运行与检修

3.5.1 自动检票机(AGM)的运行

自动检票机主要为乘客提供进出 AGM 的检票服务，可通过单程票、市民卡、二维码支付、银联闪付或刷脸支付的方式检票过闸。

AGM 维护及操作界面如图 3.22～图 3.25 所示。

图 3.22　正常运营模式

图 3.23　暂停服务模式

图 3.24　问题票提示

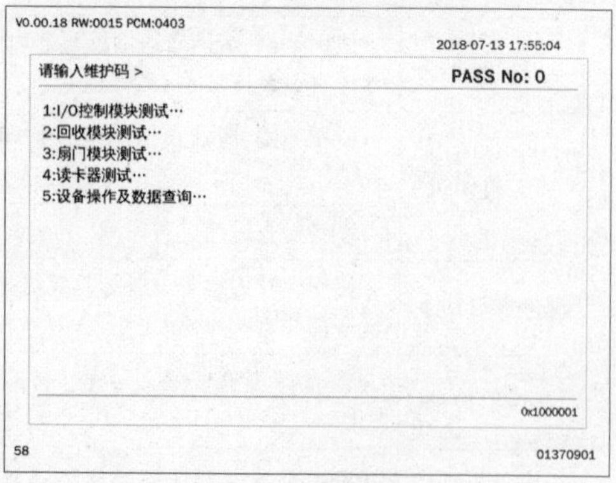

图 3.25　维护模式

3.5.2 自动检票机(AGM)的维护

(1)自动检票机的安装位置正确,机身固定牢固,水平无倾斜。

(2)多台自动检票机间的安装平行。

(3)自动检票机的通信线与电源线槽口加盖封闭。

(4)交流电源线固定正确、牢固、无松脱,地线安装正确、牢固。

(5)通信线缆的插头紧固,正确连接到自动检票机的通信接口上,无松脱现象。

(6)输入的交流电源电压满足 AC 220×(1+10%)~220×(1−15%) V。

(7)后备电源应在主电源断电后能持续供电直至最后一次交易完成。

(8)自动检票机的设置应与车站计算机上的设置一致,设备编号与车站计算机上的设置一致。

(9)自动检票机应保持与车站计算机的通信不中断。自动检票机应能及时将交易数据和审核数据上传至车站计算机,并能完全准确接收车站计算机下载的参数表。

(10)在车站计算机上可查询自动检票机的状态信息和库存信息,自动检票机应实时反馈相应信息。

(11)在与车站计算机有通信的情况下,时间应实时与车站计算机同步;在与车站计算机没有通信的情况下,可本地设置时间。

(12)在与车站计算机通信中断或车站计算机故障的情况下自动检票机可单机运行并保存 7 d 的数据,当通信恢复后自动检票机可将保存数据重新上传。

(13)在正常运营状态下,进站自动检票机应对车票按票价、参数表进行读、写和校验处理。进站检票机每成功处理一张有效车票,就会在乘客显示屏上显示进站信息,并伴随相应的灯光指示,同时扇门打开,允许乘客在系统设置时间内通过,超时后扇门将重新关闭;如车票无效,则扇门不会打开,乘客显示屏上显示相应提示信息。

(14)在正常运营状态下,出站自动检票机应对车票按票价、参数表进行读、写和校验处理,并进行单程票的回收。出站检票机每成功处理一张有效车票,就会在乘客显示屏上显示出站或车票余值信息,并伴随相应的灯光指示,同时扇门打开,允许乘客在系统设置时间内通过,超时后扇门将重新关闭;如车票无效,则扇门不会打开,乘客显示屏上显示相应提示信息。

(15)在发生故障情况下,自动检票机退出正常服务,通道指示器显示禁行标志,乘客显示屏上显示暂停服务。

(16)在设备完全掉电情况下(不间断电源也停止供电),自动检票机扇门打开。

(17)自动检票机内的存储器记录自动检票机车票处理的数据,机器掉电不会造成数据丢失，其数据应与车站计算机上的数据一致。

(18)机内存储的参数文件版本应与车站计算机上的参数文件版本完全一致，机器掉电不会造成参数文件的丢失。

(19)在自动检票机本地可设置自动检票机进入维修模式。在此模式下，可对自动检票机进行各项测试。

(20)季度检修包含月度检修项目，年度检修包含月度检修、季度检修项目。

自动检票机检修表见表 3.4。

表 3.4　自动检票机检修表

修程	检修内容	检修方法	评定标准	周期
巡检	设备工作状态日常检查	目测检查乘客显示屏显示、塑料顶盖外观是否正常	乘客显示屏显示正常，塑料顶盖无物理损坏、倾斜现象	每日
		目测检查二维码读头是否正常	二维码灯位正常	
		目测检查告警灯显示是否正常，检查回收票口是否正常	告警灯显示正常，回收票口常亮绿灯	
		目测检查通道指示器方向指示灯、顶棚导向是否正常	通道指示器方向指示灯与顶棚导向显示一致	
		目测检查扇门状态是否正常，维护门是否贴合紧密	扇门处于正常关闭状态，表面无破损，维护贴合紧密，表面无破损	
		目测检查设备运行是否稳定	设备运行稳定	
		检查设备有无异常声响	设备无异常声响	
	时钟检查	通过 SC 检查 AGM 时钟是否正常	SC 平台查看无时间异常告警	
月度检修	乘客显示屏	使用毛刷、清洁布清洁乘客显示屏内部灰尘	无灰尘、无积垢	每月
	主控单元	手触检查主控单元表面各串口线缆安装是否牢固，线缆是否紧固	安装牢固，线缆紧固	
	I/O 控制板	手触检查 I/O 控制板及各个接口板处线缆是否紧固，并清除板卡表面灰尘	线缆紧固，各元器件无异常现象，无灰尘	
	电源模块	使用毛刷、清洁布清洁电源模块及各线缆连接处、空气开关处及 UPS 的灰尘	无灰尘，安装牢固	
	通道传感器	使用毛刷、清洁布清洁 20 对传感器并检查是否安装牢固	无灰尘，安装牢固	
	扇门模块	手触检查通信线、电源线是否紧固	线缆紧固	
		使用毛刷、清洁布清洁扇门模块各个部件，弹簧、连接杆、轴承	无灰尘，无积垢	
	读写器模块	使用毛刷、清洁布清洁读写器表面灰尘，并检查线缆连接是否牢固	无灰尘，安装牢固	

续上表

修程	检修内容	检修方法	评定标准	周期
月度检修	回收模块清洁	使用毛刷、清洁布清洁回收模块各传感器表面灰尘	无灰尘、无积垢	每月
		使用毛刷、清洁布清洁票卡传输皮带表面灰尘	无灰尘、无积垢	
		手触紧固天线板馈线	线缆紧固，无松动	
	设备清洁	使用毛刷、清洁布清洁设备内部表面灰尘	无灰尘、无积垢	
		使用毛刷、清洁布清洁维护门槽内及周边灰尘	无灰尘、无积垢	
	线缆紧固	手触紧固各模块间的线缆	线缆紧固，无松动	
季度检修	乘客显示屏	同月度检修	同月度检修	每季度
	主控单元	同月度检修	同月度检修	
	I/O控制板	同月度检修	同月度检修	
	电源模块	同月度检修	同月度检修	
	通道传感器	同月度检修	同月度检修	
	扇门模块	同月度检修	同月度检修	
		检查限位开关、马达、扇门底座有无破损、安装是否牢固	无破损、且安装牢固	
		拉动扇门检查扇门机构连杆处油脂情况	润滑、上油均匀	
	通道指示器检查	目测及手触检查通道指示器面板是否有物理损坏	通道指示器面板无物理损坏	
		检查通道指示器安装是否稳固，连线是否紧固	通道指示器安装稳固，连线紧固	
	读写器模块	同月度检修	同月度检修	
	回收模块清洁	同月度检修	同月度检修	
		检查回收模块皮带松紧、磨损程度是否影响正常使用	回收模块皮带松紧、磨损程度不影响正常使用	
	设备清洁	同月度检修	同月度检修	
	线缆紧固	同月度检修	同月度检修	
	空气开关检查	检查空气开关开启/关闭动作是否准确	空气开关开启/关闭动作准确	
年度检修	乘客显示屏	同月度检修	同月度检修	每年
	主控单元	同月度检修	同月度检修	
	I/O控制板	同月度检修	同月度检修	
	电源模块	同月度检修	同月度检修	
		检查直流电源安装是否稳固，线缆连接是否可靠，工作是否稳定	直流电源安装稳固，线缆连接可靠并工作稳定	

续上表

修程	检修内容	检修方法	评定标准	周期
年度检修	电源模块	用万用表AC交流电压挡检查交流接线端子电压是否在AC 220×(1＋10%)～220(1－15%) V范围内	电压在标准范围内	每年
		使用毛刷、清洁布清洁电源模块内部，按步骤关闭AGM及空气开关。打开电源模块外壳，用吹风机清洁内部灰尘，用防静电毛刷清洁电源模块内部杂质	电源模块内无浮灰、绒絮	
		用万用表DC直流电压挡测试电源模块输出直流电源a. 12×(1±5%) V DC；b. 24×(1±5%) V DC	直流电源安装稳固，线缆连接可靠并工作稳定	
	通道传感器	同月度检修	同月度检修	
		检查通道传感器与光电转接板、MBC130的连接	连接可靠、无松动	
	扇门模块	同月度检修	同月度检修	
		同季度检修	同季度检修	
		检查电机组件、机械传动组件，查看组件是否有移位或将要脱离的现象	电机组件、机械传动组件安装牢固，位置正确	
	读写器模块	同月度检修	同月度检修	
		检查读写器安装是否稳固，连线是否紧固	读写器安装稳固，连线紧固	
	回收模块清洁	同月度检修	同月度检修	
		同季度检修	同季度检修	
		紧固天线板馈线	线缆紧固、无松动	
		使用毛刷、清洁布清洁电机组件和传动组件，对所有电机锁紧位置，入票口闸门电磁铁等进行注油	表面清洁、无积垢，机械部分活动自如、无异响	
		使用毛刷、清洁布清洁回收模块的主控板，检查各连接线缆是否老化、磨损	无灰尘、线缆无老化	
	设备清洁	同月度检修	同月度检修	
	设备内部线缆检查	手触检查设备内部各模块线缆连接是否可靠，有无松脱，有无物理损坏	线缆连接可靠、无松脱、无物理损坏	
	空气开关检查	检查空气开关开启/关闭动作是否准确	空气开关开启/关闭动作准确	
	紧急功能测试	按下/释放车控室的紧急按钮，所有设备扇门是否均能打开/关闭	按下/释放车控室的紧急按钮，所有设备扇门均能打开/关闭	
	螺栓螺母检查	目测检查设备螺栓螺母是否齐全且使用螺丝刀全部拧紧	设备螺栓螺母齐全且全部拧紧	

续上表

修程	检修内容	检修方法	评定标准	周期
年度检修	告警灯检查	手触检查告警灯安装是否稳固,连线是否紧固	告警灯安装稳固,连线紧固	每年
	扬声器检查	手触检查扬声器安装是否稳固,连线是否紧固	扬声器安装稳固,连线紧固	
	终端设备蓄电池充放电测试	终端设备蓄电池充放电测试,断开单台设备的空气开关;通过SC给单台设备下发命令是否成功	终端设备蓄电池充放电测试正常,单台设备测试正常(充放电时间不超过3 min)	

3.6　充值查询机(ISM)的运行与维护

3.6.1　充值查询机(ISM)的运行

充值查询机为乘客提供了票卡充值、票价查询、验票的功能。充值可使用现金、银联闪付、二维码支付等方式。充值查询机功能界面如图3.26所示。

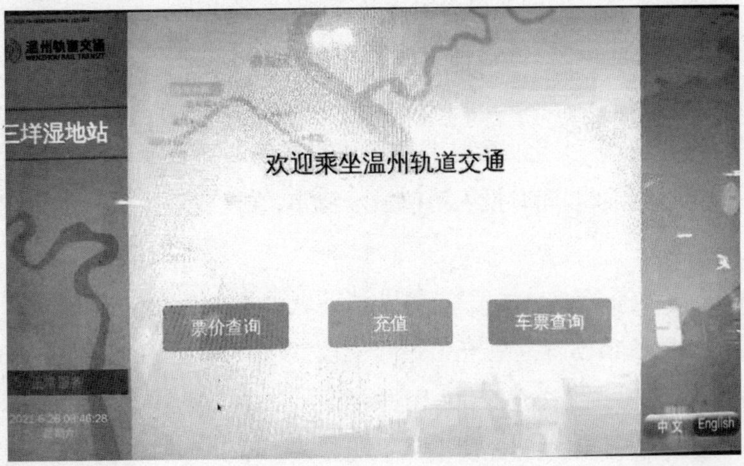

图3.26　充值查询机功能界面

3.6.2　充值查询机(ISM)的维护

(1)充值查询机的安装位置正确,机身固定牢固,水平无倾斜。多台查询充值机间的安装平行。

(2)充值查询机的通信线与电源线管口应正确密封。

(3)交流电源线固定正确、牢固、无松脱,地线安装正确、牢固。

(4)通信线缆的插头紧固,正确连接到充值查询机的通信接口上,无松脱现象。

(5)输入的交流电源电压满足 AC 220×(1+10%)~220×(1−15%) V。

(6)后备电源应在主电源断电后,能持续供电直至最后一次交易完成。

(7)充值查询机的设置应与车站计算机上的设置一致,设备编号与车站计算机上的设置一致。

(8)充值查询机应保持与车站计算机的通信不中断。

(9)充值查询机应能及时将交易数据和审核数据上传至车站计算机,并能完全准确接收车站计算机下载的参数文件。

(10)在车站计算机上可查询充值查询机的状态信息,充值查询机应实时反馈相应信息。

(11)在与车站计算机有通信的情况下,时间应实时与车站计算机同步;在与车站计算机没有通信的情况下,可本地设置时间。

(12)在与车站计算机通信中断或车站计算机故障的情况下,查询充值机可保存 7 d 的数据。当恢复通信之后,充值查询机应可将保存数据重新上传。

(13)充值查询机人机界面的充值指引完整清晰。

(14)在正常运营状态下,充值查询机应能及时地显示充值前票卡余额、乘客已选择的充值金额、乘客已投入钱币金额、充值完成后票卡余额等信息,显示应清晰、准确。

(15)在正常运营状态下,当乘客取消操作或操作超时而机器自动取消交易后,已投入钱币通过退币口返还给乘客,同时投入币值显示清零;在设备发生故障的情况下,投币口不打开。

(16)充值查询机应能接收合法的纸币,非法的纸币将在退币口直接退还。

(17)正常运营状态下,如乘客在充值过程中按"取消"按钮,可终止交易,充值查询机退回所投入币值的纸币,如已确认充值,则无法取消。

(18)在正常运营状态下,乘客充值金额不能超过票卡允许的充值上限,超过充值上限,充值查询机将提示无法充值。

(19)在充值过程中,若充值查询机出现故障,充值查询机将停止充值,并退还投入币值的纸币。

(20)在充值成功后,乘客可在票据打印机口取回充值记录小票。

(21)在充值成功后,充值查询机将投入的纸币输送入钱箱存储。查询充值机应能监控钱箱内的纸币数量,在钱箱将满时,在车站计算机上有报警显示;在钱箱满时,查询充值机进入暂停服务模式,并在车站计算机上报警。

(22)充值查询机应能监控钱箱以及钱箱存放座的状态,并能正确跟踪钱箱的更换(包括操作人员的情况和现金审计等)。

(23)充值查询机应能正确检测维修门的状态。

(24)车站计算机或充值查询机本地可设置进入关闭模式;在此模式下,充值查询机退出正常运营状态,触摸屏显示"暂停服务"。

(25)充值查询机本地可设置进入维护模式;在此模式下,可进行各项测试。

(26)季检修包含月度检修项目,年度检修包含月度检修、季度检修项目。

充值查询机检修表见表3.5。

表3.5 充值查询机检修表

修程	检修内容	检修方法	评定标准	周期
巡检	设备工作状态日常检查	目测检查乘客显示屏显示是否正常	乘客显示屏显示正常	每日
		手触检查触摸屏操作是否正常	触摸屏操作正常	
		目测检查运营状态显示器显示是否正常	运营状态显示器显示正常、无坏点	
		目测检查投币口指示灯显示是否正常	投币口指示灯显示正常	
		目测检查维护风扇运行是否正常	维护风扇运行正常	
	设备工作状态日常检查	目测检查维护面板是否正常	维护面板正常,无故障信息	
		目测检查设备运行是否稳定	设备运行稳定	
		目测检查设备有无异常声响	设备无异常声响	
	时钟检查	通过SC检查AGM时钟是否异常	SC平台查看无时间异常告警	
月度检修	主控单元	手触检查主控单元表面各串口线缆安装是否牢固,线缆是否紧固	安装牢固、线缆紧固	每月
	I/O控制板	手触检查I/O控制板及各个接口板处线缆是否紧固,并清除板卡表面灰尘	线缆紧固,各元器件无异常现象,无灰尘	
	电源模块	使用毛刷、清洁布清洁电源模块及各线缆连接处、空气开关处及UPS的灰尘	无灰尘,安装牢固	
	纸币接收及识别模块	使用毛刷、清洁布进行纸币接收及识别模块清洁中,清洁纸币光学传感器、背板传输皮带、滚轴、机头底部传输通道、暂存筒、纸币模块表面及钱箱预留槽位	无灰尘、无污垢	
		使用螺丝刀检查纸币钱箱的支架固定螺丝有无松动	纸币钱箱的支架固定螺丝无松动	
	检查维护门、维护风扇、维护灯	检查维护门开关是否顺畅,维护门门控开关、维护风扇、维护灯检测是否正常	维护门开关顺畅,维护门门控开关、维护风扇、维护灯检测正常	
		检查维护面板串口、电源、USB连接线缆是否牢固	显示正常、连接牢固	
		检查维修面板旋转动作是否有滞碍感,螺丝是否有松动	旋转动作正常、无滞碍感	

续上表

修程	检修内容	检修方法	评定标准	周期
月度检修	读写器	使用毛刷、清洁布清洁读写器表面灰尘，并检查线缆连接是否牢固	无灰尘，安装牢固	每月
	维护打印机	使用毛刷、清洁布清洁维护打印机表面灰尘	无灰尘、无积垢	
		手触检查线缆是否紧固	线缆连接紧固	
	设备内部线缆检查	手触检查设备内部各模块线缆连接是否可靠，有无松脱	线缆连接可靠，无松脱	
	设备清洁	使用毛刷、清洁布清除设备内部及各模块表面灰尘	无灰尘、无污垢	
年度检修	主控单元	手触检查主控单元表面、内部及各串口线缆是否有灰尘，并检查其安装是否牢固，线缆是否紧固	无灰尘，安装牢固，线缆紧固	每年
	I/O 控制板	同月度检修	同月度检修	
	电源模块	同月度检修	同月度检修	
		检查直流电源安装是否稳固，线缆连接是否可靠，工作是否稳定	直流电源安装稳固，线缆连接可靠并工作稳定	
		用万用表 AC 交流电压挡检查交流接线端子电压是否在 AC 220×(1+10%)～220×(1−15%) V 范围内	电压在标准范围内	
		使用毛刷、清洁布清洁电源模块内部，按步骤关闭 ISM 及空气开关。打开电源模块外壳，用吹风机清洁内部灰尘，用防静电毛刷清洁电源模块内部杂质	电源模块内无浮灰、绒絮	
		用万用表 DC 直流电压挡测试电源模块输出直流电源 a. 12×(1±5%) V DC；b. 24×(1±5%) V DC	电压在标准范围内	
	纸币接收及识别模块	同月度检修	同月度检修	
		使用毛刷、清洁布清洁导光条及机头内部灰尘	无灰尘、无污垢	
	检查维护门、维护风扇、维护灯	同月度检修	同月度检修	
	读写器	同月度检修	同月度检修	
	维护打印机	同月度检修	同月度检修	
	螺栓螺母检查	使用螺丝刀检查设备螺栓螺母是否齐全且全部拧紧	设备螺栓螺母齐全且全部拧紧	
	扬声器检查	手触检查扬声器安装是否稳固，连线是否紧固	扬声器安装稳固，连线紧固	
	设备内部线缆检查	同月度检修	同月度检修	

续上表

修程	检修内容	检修方法	评定标准	周期
年度检修	设备清洁	同月度检修	同月度检修	每年
	终端设备蓄电池充放电测试	终端设备蓄电池充放电测试断开单台设备的空气开关;通过 SC 给单台设备下发命令是否成功	终端设备蓄电池充放电测试正常,单台设备测试正常(充放电时间不超过 3 min)	

3.7　半自动售票机(BOM)的运行与检修

3.7.1　半自动售票机(BOM)的运行

自动售票机(BOM)是放置在车站售票室或票亭,根据位置不同而具有售票、补票和售补票功能。BOM 可由人工操作,提供对轨道交通专用车票、一卡通车票的售票、补票、充值、替换、退款、查询、车票分析、收益管理等。

BOM 功能及操作界面如图 3.27～图 3.31 所示。

图 3.27　半自动售票机主界面

图 3.28　半自动售票机充值界面

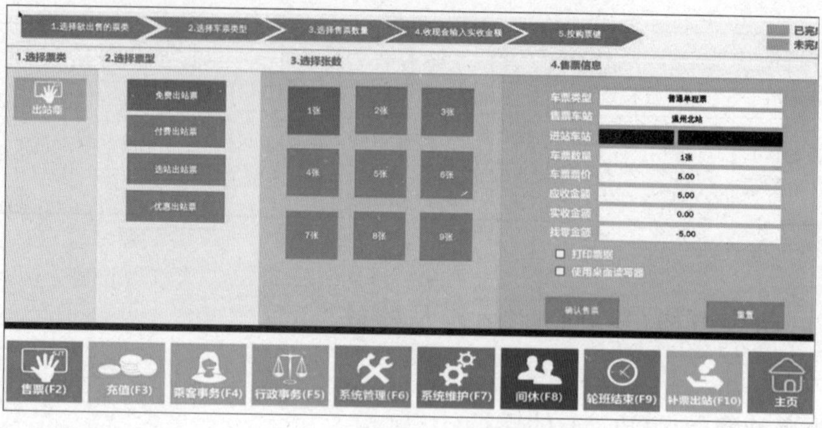

图 3.29　半自动售票机售票界面

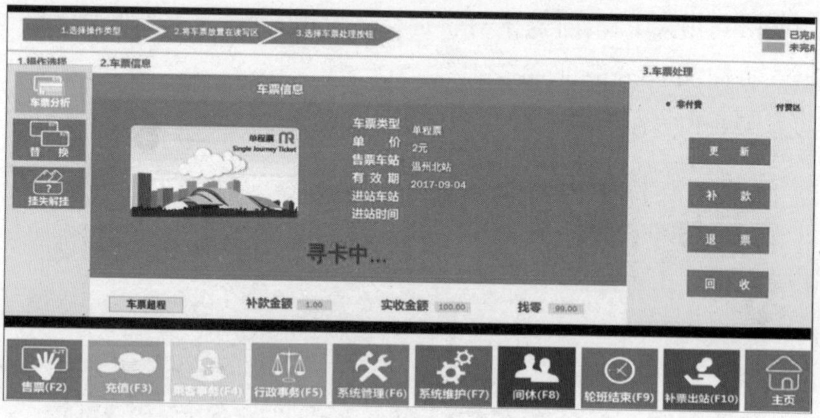

图 3.30　半自动售票机车票分析界面

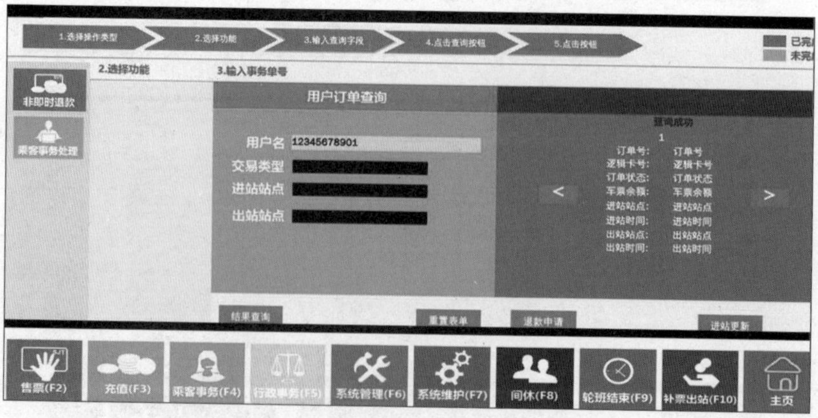

图 3.31　半自动售票机乘客事物处理界面

3.7.2　半自动售票机(BOM)的维护

(1)半自动售票机的各个部件安装位置正确,机身固定牢固,水平无倾斜。

(2)交流电源线固定正确、牢固,无松脱。

(3)半自动售票机应有不间断电源作为后备电源的供电,后备电源应在主电源断电后能持续供电直至最后一次交易完成。

(4)输入的交流电源电压满足 AC 220×(1+10%)~220×(1-15%) V。

(5)通信线缆的插头紧固,正确连接到半自动售票机工控机的通信接口上,无松脱现象。

(6)工控机与车票处理单元之间的通信连接正确、牢固,无松脱。

(7)半自动售票机的设置应与车站计算机上的设置一致,设备编号应与车站计算机上的设置一致。

(8)半自动售票机应保持与车站计算机的通信不中断。

(9)半自动售票机应能及时将交易数据和审核数据上传至车站计算机,并能完全准确接收车站计算机下载的参数表和票价表。

(10)在车站计算机上可查询半自动售票机的状态信息和库存信息,半自动售票机应实时反馈相应信息。

(11)在与车站计算机有通信的情况下,时间应实时与车站计算机同步;在与车站计算机没有通信的情况下,可本地设置时间。

(12)在与车站计算机通信中断或车站计算机故障的情况下,半自动售票机可单机运行并保存 30 d 的数据,当恢复通信之后,半自动售票机应可将保存数据重新上传。

(13)半自动售票机应能通过用户名和密码登录实施安全控制,并通过级别控制实现操作功能的权限控制;操作员在半自动售票机上成功登录后,可通过键盘、鼠标控制半自动售票机。

(14)半自动售票机应能防止一般操作人员访问操作系统和进行非应用软件之外的操作。

(15)在正常运营模式下,操作员显示器显示操作员的意图及处理数据,乘客显示屏则给乘客显示信息;在测试或故障模式下,显示测试状态信息或故障代码和故障信息。所有显示应清晰、完整和正确。

(16)在售票模式下,半自动售票机应能分析任何一种车票(物理损坏的车票除外)的数据,并在操作员显示器上和乘客显示屏上显示车票的相应信息。

(17)在售票模式下,半自动售票机应能按下达的参数和票价发售单程票、储值票等。

(18)在售票模式下,半自动售票机应能对储值票进行加值。

(19)在补票模式下，半自动售票机应能分析任何一种车票(物理损坏的车票除外)的数据，并在操作员显示器上和乘客显示屏上显示车票的相应信息。

(20)在补票模式下，半自动售票机应能发售出站票。

(21)在补票模式下，半自动售票机应能更新超时车票。

(22)在补票模式下，半自动售票机应能更新超程车票。

(23)在车站计算机或半自动售票机本地可设置半自动售票机进入关闭模式，在此模式下，半自动售票机退出正常运营状态，不处理车票。

(24)在半自动售票机本地可设置半自动售票机进入维护模式，在此模式下，可对半自动售票机进行各项测试。

(25)半自动售票机内的审核寄存器记录车票处理的数据，机器掉电不会造成数据丢失，审核寄存器的数据应与车站计算机上的数据一致。

(26)半自动售票机内存储的参数表编号应与车站计算机上的参数表编号完全一致，机器掉电不会造成参数表的丢失。

(27)年度检修包含月度检修项目。

半自动售票机检修表见表3.6。

表3.6 半自动售票机检修表

修程	检修内容	检修方法	评定标准	周期
巡检	设备工作状态日常检查	手触检查乘客显示屏、操作员显示屏显示是否正常	乘客显示屏、操作员显示屏显示正常	
		目测检查二维码读头显示灯是否正常	二维码读头显示灯正常	
		目测检查设备运行是否稳定	设备运行稳定	
		目测检查设备有无异常声响	设备无异常声响	
月度检修	主控单元	手触检查主控单元表面各串口线缆安装是否牢固，线缆是否紧固	安装牢固，线缆紧固	每月
	操作员显示器、乘客显示器	使用毛刷、清洁布清洁操作显示器、乘客显示器连接线接头灰尘，并检查安装是否牢固	无灰尘，连接牢固	
	发卡模块	手触检查发卡模块安装是否稳固	检查发卡模块安装稳固	
		使用毛刷、清洁布清洁发卡模块各传感器、票卡传送皮带、发卡模块出票口表面灰尘	无灰尘、无积垢	
		使用毛刷、清洁布清洁电机、传输通道滚轮、刮票轮、天线板	无灰尘、无积垢	
		反复推拉发卡模块，检查滑道是否有滞碍感，螺栓是否有松脱	滑道动作正常，无滞碍感	

续上表

修程	检修内容	检修方法	评定标准	周期
月度检修	桌面读写器	使用毛刷、清洁布清洁读写器表面灰尘，并检查线缆连接是否牢固	无灰尘，安装牢固	每月
	票务打印机	使用毛刷、清洁布清洁票务打印机表面灰尘	无灰尘、无积垢	
		手触检查线缆是否紧固	线缆连接紧固	
	电源模块	使用毛刷、清洁布清洁电源模块及各线缆连接处、空气开关处及 UPS 的灰尘	无灰尘，安装牢固	
	设备清洁	使用毛刷、清洁布清除设备内部及各模块表面灰尘	无灰尘、无积垢	
	设备内部线缆检查	手触检查设备内部各模块线缆连接是否可靠，有无松脱	线缆连接可靠，无松脱	
年度检修	主控单元	同月度检修	同月度检修	每年
	操作员显示器、乘客显示器	同月度检修	同月度检修	
	发卡模块	同月度检修	同月度检修	
		使用毛刷、清洁布清洁发卡模块各传感器、票卡传送皮带、发模块出票口、电机、传输通道滚轮、刮票轮、天线板、机芯主板表面灰尘	无灰尘、无积垢	
		手触检查线缆是否磨损、断裂，标签是否清晰齐全	线缆无损坏，标签齐全清晰	
		发卡模块功能测试	发售票卡功能正常，赋值读卡信息准确	
		检查发卡模块刮票轮间隙是否正常	连续测试发卡正常	
	桌面读写器	同月度检修	同月度检修	
	票务打印机	同月度检修	同月度检修	
	电源模块	同月度检修	同月度检修	
		检查直流电源安装是否稳固，线缆连接是否可靠，工作是否稳定	直流电源安装稳固，线缆连接可靠并工作稳定	
		用万用表 AC 交流电压挡检查交流接线端子电压是否在 AC 220×(1+10%)～220×(1−15%) V 范围内	电压在标准范围内	
		清洁电源模块内部，按步骤关闭 BOM 及空气开关。打开电源模块外壳，用吹风机清洁内部灰尘，用防静电毛刷清洁电源模块内部杂质	电源模块内无浮灰、绒絮	
		用万用表 DC 直流电压挡测试电源模块输出直流电源 a. 12×(1±5%) V DC；b. 24×(1±5%) V DC	电压在标准范围内	

续上表

修程	检修内容	检修方法	评定标准	周期
年度检修	扬声器检查	手触检查扬声器安装是否稳固,连线是否紧固	扬声器安装稳固,连线紧固	每年
	螺栓螺母检查	使用螺丝刀检查设备螺栓螺母是否齐全且全部拧紧	检查设备螺栓螺母齐全且全部拧紧	
	设备清洁	同月度检修	同月度检修	
	设备内部线缆检查	同月度检修	同月度检修	
	终端设备蓄电池充放电测试	终端设备蓄电池充放电测试断开单台设备的空气开关;通过 SC 给单台设备下发命令是否成功	终端设备蓄电池充放电测试正常,单台设备测试正常(充放电时间不超过 3 min)	

3.8 便携式检验票机(PCA)的运行与维护

3.8.1 便携式检验票机(PCA)的运行

PCA 是用于车站工作人员或稽查人员对乘客使用车票进行检查的设备,能够读取市域铁路专用车票及温州市民卡的设备。可在不同的车站与不同区域(付费区/非付费区)之间移动操作,减小运营损失及应对大客流,方便对乘客检验票。

PCA 功能及操作界面如图 3.32～图 3.37 所示。

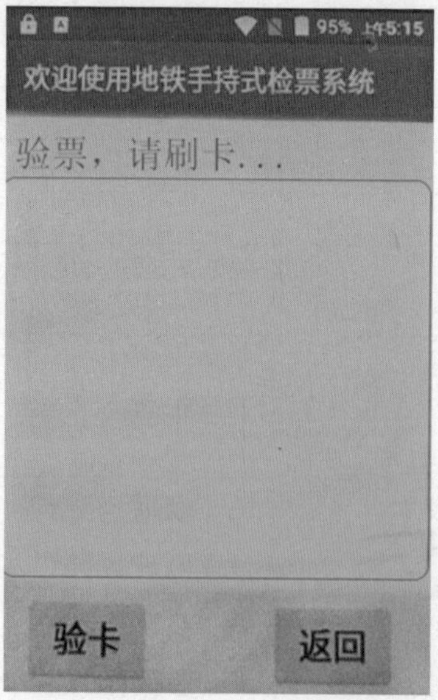

图 3.32 验卡界面

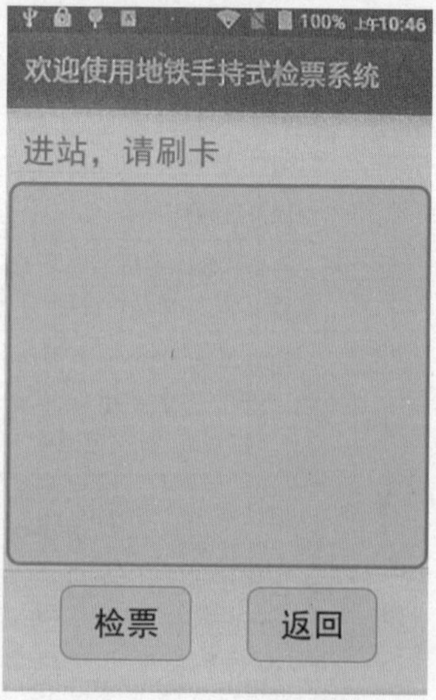

图 3.33 进站检票界面

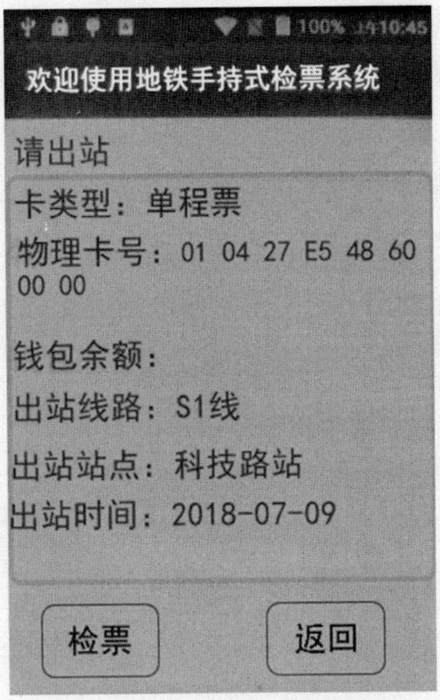

图 3.34 出站检票界面

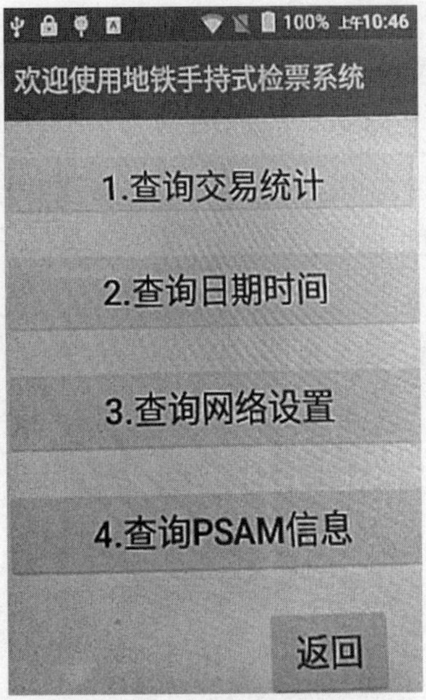

图 3.35 信息查询界面

图 3.36 网络设置界面

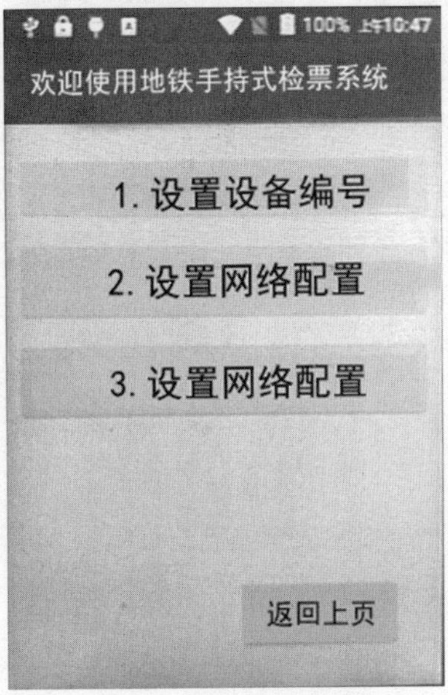

图 3.37 参数设置界面

3.8.2 便携式检验票机(PCA)的维护

(1)携式验检票机能够正常启动和关闭。

(2)便携式验检票机应能通过相关同步软件完成软件的更新。

(3)便携式验检票机应能通过相关同步软件完成参数的同步。

(4)便携式验检票机应能对车票的信息进行读取,并显示车票的状态和交易等信息,显示应清晰、准确。

(5)便携式验检票机应能对车票进行合法性和有效性校验,并能对合法有效车票写入进站码或出站码。

(6)便携式验检票机应能对本机相关数据进行查询和对本机参数进行配置。

便携式检验票机检修表见表 3.7。

表 3.7　便携式检验票机检修表

修程	检修内容	检修方法	评定标准	周期
半年度检修	主机检查和清洁	手触检查主机外壳	主机外壳无损坏	每半年
		检查主机 USB 数据线接触是否良好,有无断裂	主机 USB 数据线接触良好、无断裂	
		使用毛刷、清洁布清洁主机灰尘和污迹	清洁主机灰尘和污迹	
	LED 控制显示的检查	检查控制显示的 LED 是否正常闪亮	控制显示的 LED 正常闪亮	
	蜂鸣器检查	检查蜂鸣器工作是否正常	蜂鸣器工作正常	
	机座清洁	使用毛刷、清洁布清洁机座灰尘和污迹	清洁机座灰尘和污迹	
	键盘检查	检查键盘工作是否正常,所有按键是否灵敏可用	键盘工作正常,所有按键灵敏可用	
	读写模块检查	检查读写模块工作是否正常	读写模块工作正常	

第4章 自动售检票（AFC）系统安全操作与故障处理

4.1 自动售检票系统安全操作规定

4.1.1 AFC 维保工作基本安全规定

1. 三不动

未联系登记好不动。对设备性能、状态不清楚不动。对正在使用中的设备不动。

2. 三不离

检修完不复查试验好不离开。发现故障不排除不离开。发现异状、异味、异声不查明原因不离开。

3. 三清

对于故障和事件要做到时间清，地点清，原因清。

4. 四懂四会

从业人员需做到懂设备结构，会使用；懂设备性能，会维修；懂设备原理，会排除故障；懂设备用途，会操作。

4.1.2 AFC 专业安全规定

1. 板卡类

(1)更换电路板时严禁带电插拔电路板和连接线，涉及到板卡接口插拔或板卡更换前必须佩戴防静电手环，将防静电手环可靠接地以免人体的静电可能会对设备板卡造成损坏。

(2)每条线缆必须标识清晰且连接正确，更换时应保证与原设置一致，更换后必须检查设备的时钟、IP 及配置是否恢复正常，严禁在未确认设备已修复的情况下将设备投入使用。

(3)检修设备的时候，要做断电处理，插拔板卡时要小心操作，严禁野蛮插拔。

(4)拆卸、安装设备内部部件时，必须严格按照部件的拆卸或安装步骤进行。

(5)注意备用板卡的防潮处理。

(6)在检修过程，严禁触碰传输接口。

(7)在板卡上电后，检查板卡电压是否正常，检查指示灯是否在规定时间内闪烁，检查板卡对应的功能是否恢复正常。

(8)更换完毕传输接口后，测试连接设备检验功能完整性。

2. 光传输类

(1)光接口板上未用的光口一定要用防尘帽盖住。

(2)日常检修工作中使用的尾纤，不用时尾纤接头也要戴上防尘帽。

(3)不要直视光板上的光口，以防激光灼伤眼睛。

(4)清洗光纤头时，应使用无尘纸蘸无水酒精小心清洗，禁止使用普通的工业酒精、医用酒精或水。

3. 电源类

(1)严禁电源电缆带电安装、拆除，电源线在接触导体的瞬间，会产生电火花或电弧，会对设备造成伤害。在进行电源电缆的安装、拆除操作之前，必须关掉电源开关。

(2)通电前，按照机柜接线图认真仔细检查所有电源线连接位置是否正确，在所有设备开关处于开启状态下，确认无短路现象。

(3)上电后，认真观察各设备电源指示灯是否正常亮起。如有设备电源指示灯异常或设备发热、异常等情况应马上关闭电源，重新认真检测系统连接。

(4)设备进行检修时，涉及电源时应先断开电源，并在电源操作机构上挂上“禁止合闸，有人工作”的标志牌，同时保证设备机械部分完全停止，才能开始作业。

(5)各种设备的熔断器等保护装置，必须符合标准，不得擅自改动，并定期检查测试。

(6)禁止用汽油、酒精等易燃液体擦洗地面和运行中设备的电气接点。

(7)在对设备内部关键部件进行清洁、润滑或维修前，应先断开设备电源才能操作；严禁通过按试电按钮的方式来关闭漏电保护开关，严禁用脚接通或者断开电源开关。

(8)带电作业时，首先选好作业空间，操作时精力要集中，防止工具以及其他导电物品掉入设备内，造成短路事故。

(9)兆欧表在接地电阻测试过程中，使用前测试表针的摆动情况，使用后必须短接释放储存的电压，测试过程中严禁碰触接线端子，以免电压伤人。

(10)检修设备时严禁触碰 220 V 的变压器，防止事故的发生。

4. 软件系统类

(1)定期备份配置数据，当人为操作失误时，可立即恢复配置数据，实现业务的快速恢复。

(2)严禁无关退出对于日志文件监视功能的软件，导致日志文件的丢失。

(3)在操作系统软件时，严禁频繁的切换系统画面，导致系统卡顿，影响使用。

(4)在进行备机切换过程中,严禁同时重启两台交换机导致传递信息的丢失,必须在正常使用的过程中启动另外一台。

(5)在进行设备软件调试前,应首先清楚所作数据的准确性,确定无误后,上报部门批准,并在机房维护人员的协助下方可进行数据操作,以防止中断其他正常运行的设备。

(6)每次的软件升级、BUG 恢复都应该按要求填写版本号,做好详细的登记工作。

(7)中央服务器上已经启动的片区严禁随意的抽拔,影响功能的使用。

(8)对于虚拟化平台的软件故障严禁随意删除相关的数据记录,严禁随意维护平台故障。

5. 设备检修类

(1)对 AFC 设备进行操作、检修时必须按照 AFC 设备检修规程、AFC 作业指导书进行操作,严禁违章作业。

(2)任何人不得擅自毁坏 AFC 设备和设施。

(3)严禁代替相关作业人员,扳动或按压所控设备的开关和按钮。

(4)在日常的维护过程,严禁使用湿清洁布类的清洁工具擦拭电器接口、传输接口。

(5)设备进行检修时,必须严格执行票务管理规定;处理车站 TVM、BOM、AGM 设备故障时,严禁私拿钱款和车票;在现金安全区域内可能需要接触钱款时,车站当班工作人员必须陪同。

(6)发生故障时应对可能存在的故障隐患做好相应的准备工作,严禁无预案的操作设备引起的设备的联动。

(7)在检修导轨承重模块时,应先将模块从支架上拉出并确认已固定;检修完毕后必须及时将模块推回原位,谨防夹伤、撞伤。在操作中应轻拉轻推,防止支架导轨脱落。

(8)在进行对防静电底板下的线缆检修时,检修完毕后将防静电底板复位,复查其稳固状态。

(9)对功能不了解的设备,严禁进行功能方面的测试与验证,严禁主观臆测。

(10)IBP 盘的检修过程中,严禁随意触碰非本专业的按钮,以免导致运营事故的发生。

(11)不间断电源(UPS)的日常维护和保养中,UPS 主机可视化界面在进行切换过程中要缓慢切换功能页面,禁止频繁切换功能页面导致系统的卡顿影响使用,严禁触碰接线端子排导致安全事故发生。

(12)在进行机柜检修时,观测机柜的通风状态是否良好,禁止带水清洁,严禁触碰传输的线缆和相关的接口。机顶清洁注意登高防护。

(13)在进行箱体检修过程中,严禁带水清洁,检查箱体内的防火泥是否符合要求,严禁触碰接线端子排。

(14)在进行 UPS 放电测试时，严格按照使用说明进行测试，严禁主观臆测，随意胡乱编写记录数据。

4.2 自动售票机故障处理

自动售票机故障处理见表 4.1。

表 4.1 自动售票机故障处理

序号	故障现象	处理建议
1	硬币循环识别器卡币故障	排查思路： 1. 检查硬币识别器指示灯。 2. 红灯亮为正常。 3. 指示灯不亮或闪亮为卡币。 处理方法： 1. 通道内卡币用一颗正常的硬币或者用扎带从识别器通道的左侧端塞进去，把异形币顶出。 2. 顶出来之后，硬币会掉落到暂存部，使用弯头镊子夹取或连接杆向下按压(严禁将连接杆向上抬，否则硬币进入硬币循环找零钱箱内)，将暂存部的硬币退回到传送皮带上。 3. 从传送皮带上将硬币取出。 4. 取出异形币之后，需要在维护面板上输入命令对硬币模块进行复位使设备恢复正常
2	硬币循环排异门无法闭合故障	排查思路： 1. 软件运行错误。 2. 排异门机械卡阻。 解决方法： 1. 在维护面板上输入命令对硬币模块进行复位使设备恢复正常。 2. 复位无效，则对设备进行断电，调节红色框中两处螺丝角度，手动抬起排异门然后松开，直至调节到排异门与凹槽对准
3	硬币回收箱不到位故障	排查思路： 1. 硬币回收箱到位开关损坏。 2. 硬币回收箱安全锁未关。 解决方法： 1. 检查到位开关线缆连接是否正常。 2. 锁上硬币回收箱保险锁
4	硬币回收箱清币数据无法清零	排查思路： 1. 软件故障。 2. 钱箱未到位。 3. 硬币补币箱故障。 解决方法： 1. 重新安装钱箱。登录维护界面，选择“运营和结算”，进入运营和结算界面。点清币，清币完成后拉出硬币回收箱，维护打印机打印票箱数据小单，查看维护界面数据正确清零。 2. 数据无法清除，对设备进行重启；在维护面板输入指令 1，进入“设备状态”界面。在输入指令 6，对系统进行重启。重启完毕后重新对数据进行结算一次。 3. 检查循环找零钱箱是否有卡币，使用对应钥匙插入钥匙孔位逆时针转动 45°，将循环找零钱箱取下(因硬币循环找零钱箱有线缆连接且线缆较短，严禁用力拉出过多)，取出卡币，将循环找零钱箱安装复位

续上表

序号	故障现象	处理建议
5	纸币接收及识别模块卡纸币	排查思路： 纸币传输通道卡纸币故障常见现象为纸币接收及识别模块投币口机头灯位闪红，如若机头闪红则为卡币。 解决方法： 1. 拉出纸币接收识别模块，按压主模块顶部盖板锁扣，检查定位区域是否存在卡币，若存在卡币则直接取出；按压侧部识别区域 2 个锁扣，查看识别区域有无卡币，若存在卡币则直接取出；按压背部锁扣打开背部传输通道，查看有无卡纸币，若存在卡币则直接取出。 2. 打开顶部盖板从定位区域玻璃槽中确认暂存部有无吞币，若存在卡币，则需要拆机头从底部传输通道中取暂存部吞币
6	纸币模块通信故障	排查思路： 通信线虚接。 解决方法： 1. 重插插拔机头主模块电源线(白色电源线)、USB 通信线(黑色)。 2. 登录维护面板，进入纸币模块界面，输入指令 1，进行模块初始化(单模块复位)
7	纸币模块机头长红故障	排查思路： 1. 识别光感是否有灰尘。 2. 识别模块皮带是否有磨损。 3. 识别读头是否故障。 解决方法： 通过 BNR SERPPOT TOOLS 确认故障原因，根据故障原因，排除故障
8	发卡模块故障	排查思路： 1. 读写器故障。 2. 发卡间隙过大。 3. 天线板故障。 4. 发卡模块主板故障。 解决方法： 1. 更换读写器。 2. 紧固天线板线缆或更换天线板。 3. 更换发卡模块主板或重新烧录主板软件
9	TVM 无法上电	排查思路： 1. 检查电源模块线缆有无松动、松脱。 2. 检查电源模块输入输出电压是否正常。 3. 检查 DC 插座板 155 的 XS1 接插件 24 V 输入输出是否正常。 4. 工控机故障。 解决方法： 1. 紧固电源模块线缆。 2. 更换电源模块。 3. 更换工控机
10	TVM 无法开机	排查思路： 1. 系统故障。 2. 系统盘硬件故障。 3. 软件存储盘硬件故障。 解决方法： 1. 重装系统。 2. 更换系统盘、软件存储盘

续上表

序号	故障现象	处 理 建 议
11	TVM 维护打印机故障	排查思路： 1. 打印机硬件故障。 2. 打印机线缆虚接。 3. 打印机缺纸。 解决方法： 1. 更换打印机。 2. 紧固线缆。 3. 添加打印纸
12	TVM 通信故障	排查思路： 1. RJ45 网线虚接。 2. 与二层交换机虚接。 3. 工控机网卡故障。 4. 二层交换机故障。 检查设备硬件： 1. 紧固线缆。 2. 更换工控机。 3. 更换二层交换机

4.3 自动检票机故障处理

自动检票机故障处理见表 4.2。

表 4.2　自动检票机故障处理

序号	故障现象	处 理 建 议
1	乘客显示屏花屏	排查思路： 1. 视频传输线线缆虚接。 2. 电压异常。 3. 屏幕故障。 处理方法： 1. 紧固线缆，检查线缆接口是否正常。 2. 检查电源模块及电源转接板，如有损坏，更换备件。 3. 交叉测试屏幕，如屏幕故障，更换备件
2	无声音提示	排查思路： 1. 主控单元音频线虚接。 2. 转接板音频线虚接。 3. 扬声器故障。 4. 音频软件丢失。 解决方法： 1. 紧固音频线。 2. 交叉测试扬声器，如硬件故障，更换备件。 3. 在系统中重新导入音频文件

续上表

序号	故障现象	处理建议
3	回收模块故障	排查思路： 1. 回收模块卡票。 2. 票箱异常报满。 3. 无法读卡。 4. 票卡无法投入。 5. 回收模块主板故障。 解决方法： 1. 取出卡票，检查皮带、滚轮是否磨损严重，是否需要更换。 2. 检查票箱各个传感器，紧固线缆，如硬件故障，更换传感器。 3. 检查读写器及天线板，紧固线缆或更换备件。 4. 检查入票口电磁快门，若故障，则更换备件。 5. 重新烧录主板程序或更换备件
4	维护小键盘故障	排查思路： 1. 线缆连接。 2. 键盘故障。 3. 数字锁定键未按下。 解决方法： 1. 紧固小键盘数据线。 2. 更换小键盘。 3. 按下数字锁定键，再次尝试操作
5	扇门常开故障	排查思路： 1. 扇门电机故障。 2. 电源故障。 3. 通行传感器故障。 4. 通行逻辑控制器故障。 解决方法： 1. 紧固扇门电机线缆，如若无法解决则交叉测试电机。 2. 测量电源模块电压，若电压异常，先紧固线缆，再更换电源模块。 3. 检查通行传感器，清洁传感器表面，若无法解决则更换备件。 4. 调整通行逻辑控制器拨码，如未回复，则更换备件
6	通行指示灯故障	排查思路： 1. 线缆虚接。 2. 灯板故障。 3. 转接板故障。 解决方法： 1. 紧固灯板线缆。 2. 交叉测试灯板。 3. 更换转接板或重新烧录程序

续上表

序号	故障现象	处理建议
7	AGM 不上电	排查思路： 1. 检查电源模块线缆有无松动、松脱。 2. 检查电源模块输入输出电压是否正常。 3. 检查 DC 插座板 155 的 XS1 接插件 24 V 输入输出是否正常。 4. 工控机故障。 解决方法： 1. 紧固电源模块线缆。 2. 更换电源模块。 3. 更换工控机
8	AGM 无法开机	排查思路： 1. 系统故障。 2. 系统盘硬件故障。 3. 软件存储盘硬件故障。 解决方法： 1. 重装系统。 2. 更换系统盘、软件存储盘
9	AGM 通信故障	排查思路： 1. RJ45 网线虚接。 2. 与二层交换机虚接。 3. 主控单元网卡故障。 4. 二层交换机故障。 检查设备硬件： 1. 紧固线缆。 2. 更换主控单元。 3. 更换二层交换机

第5章 通用维修工具与仪器仪表使用

专用仪器仪表的正确使用方法是作为自动售检票检修工岗位日常维护、测试中必须掌握的必要技能。AFC 专用仪器仪表的作用是定量测量设备的各种运用指标或定性判断设备的使用状态。本章列出了自动售检票检修工岗位日常使用的常用仪器仪表，并对其使用方法予以简要介绍。

5.1 常用维修工具使用

5.1.1 电烙铁

1. 电烙铁的使用

(1)准备电烙铁、焊锡丝、松香。

(2)电烙铁使用前可用小刀刮去烙铁头氧化层，而后接上电源。

(3)等电烙铁达到适宜温度后，把电烙铁头点上松香，点上焊锡。

(4)先把需要焊接的线上点上松香，再点上焊锡。

(5)然后焊在需要焊接的元器件上面，注意速度要快，否则温度过高容易烧毁元器件。

(6)电烙铁不用时，把烙铁头上面点上焊锡(防止烙铁干烧)。

2. 电烙铁的安全使用

任何电烙铁都必须有三个接线端，其中两个与电烙铁芯相接，用于连接 220 V 交流电源；另一个与电烙铁外壳相连是接地保护，用以连接地线。为了安全起见，使用前最好用万用表测试一下烙铁芯是否断线或者混线。一般 20～30 W 的电烙铁的烙铁芯电阻为 1 500～2 500 Ω。

3. 使用电烙铁的注意事项

(1)焊接前，应将元件的引线截去多余部分后挂锡。若元件表面被氧化不易挂锡，可以使用细砂纸或小刀将引线表面清理干净，用烙铁头沾适量松香芯焊锡给引线挂锡。如果还不能挂上锡，可将元件引线放在松香块上，再用烙铁头轻轻接触引线，同时转动引线，使引线表面都可以均匀挂锡。每根引线的挂锡时间不宜太长，一般以 2～3 s 为宜，以免烫坏元件内部，特别是给二极管、三极管引脚挂锡时，最好使用金属镊子夹住引线靠管壳的部分，借以传走一部分热量。另外，各种元件的引脚不要截得太短，否则既不利于散热，又不便于焊接。

（2）焊接时，把挂好锡的元件引线置于待焊接位置，如印刷板的焊盘孔中或者各种接头、插座和开关的焊片小孔中，用沾有适量锡的烙铁头在焊接部位停留 3 s 左右，待电烙铁拿走后，焊接处形成一个光滑的焊点。为了保证焊接的质量，最好在焊接元件引线的位置事先也挂上锡。焊接时要确保引线位置不变动，否则极易产生虚焊。烙铁头停留的时间不宜过长，过长会烫坏元件，过短会因焊接溶化不充分而造成假焊。

（3）焊接完后，要仔细观察焊点形状和外表。焊点应呈半球状且高度略小于半径，不应该太鼓或者太扁，外表应光滑均匀，没有明显的气孔或凹陷，否则都容易造成虚焊或者假焊。在一个焊点同时焊接几个元件的引线时，更加应该注意焊点的质量。

4. 焊接操作的基本步骤（图 5.1）

（1）步骤一：准备施焊，左手拿焊丝，右手握烙铁，进入备焊状态。要求烙铁头保持干净，无焊渣等氧化物，并在表面镀有一层焊锡。

（2）步骤二：加热焊件，烙铁头靠在两焊件的连接处，加热整个焊件，时间大约为 1～2 s。对于在印制板上焊接元器件来说，要注意使烙铁头同时接触两个被焊接物。导线与接线柱、元器件引线与焊盘要同时均匀受热。

（3）步骤三：送入焊丝，焊件的焊接面被加热到一定温度时，焊锡丝从烙铁对面接触焊件。注意：不要把焊锡丝送到烙铁头上。

（4）步骤四：移开焊丝，当焊丝熔化一定量后，立即向左上 45°方向移开焊丝。

（5）步骤五：移开烙铁，焊锡浸润焊盘和焊件的施焊部位以后，向右上 45°方向移开烙铁，结束焊接。

从步骤三开始到步骤五结束，时间是 1～2 s。

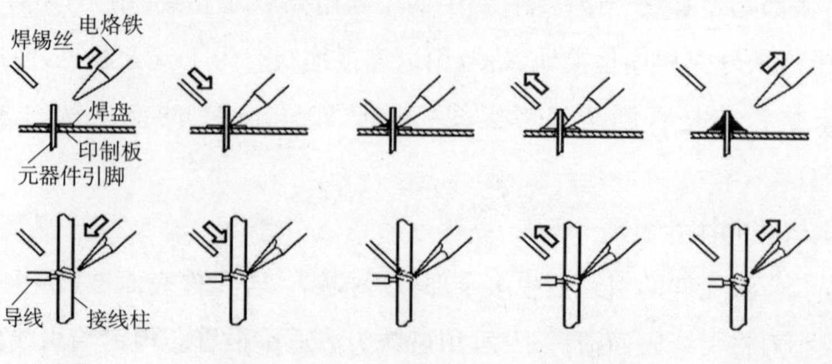

图 5.1　焊接操作的基本步骤图

5. 手工焊接操作的注意事项

(1)保持烙铁头的清洁,烙铁头长期处于高温状态,很容易氧化并沾上一层黑色杂质。因此,要注意用湿海绵随时擦拭烙铁头,在长时间未使用时应在烙铁头上加上锡,防止烙铁头氧化,造成无法粘锡。

(2)靠增加接触面积来加快传热加热时,应该让焊件上需要焊锡浸润的各部分均匀受热,而不是仅仅加热焊件的一部分,更不要采用烙铁对焊件增加压力的办法。

(3)烙铁的撤离要及时,而且撤离时的角度和方向与焊点的形成有关。

(4)在焊锡凝固之前,切勿使焊件移动或受到振动,否则极易造成焊点结构疏松或虚焊。

(5)焊锡丝用量要适中,内部已经装有由松香和活化剂制成的助焊剂。助焊剂用量要适中,过量使用松香焊剂,焊接以后势必需要擦除多余的焊剂,并且延长了加热时间,降低了工作效率。当加热时间不足时,又容易形成“夹渣”的缺陷。

(6)不要使用烙铁头作为运送焊锡的工具(带锡焊),有人习惯使用烙铁头作为运送焊锡的工具进行焊接,结果造成焊料的氧化。因为烙铁尖的温度一般都在300 ℃以上,焊锡丝中的助焊剂在高温时容易分解失效,焊锡也处于过热的低质量状态。

5.1.2 电　　钻

1. 手电钻主要组成部分(图5.2)

(1)单相串励电动机。由定子、电枢、整流子、电刷及风扇组成。通过齿轮减速,带动钻轴旋转。

(2)减速箱。它的机构是二级齿轮减速传动。

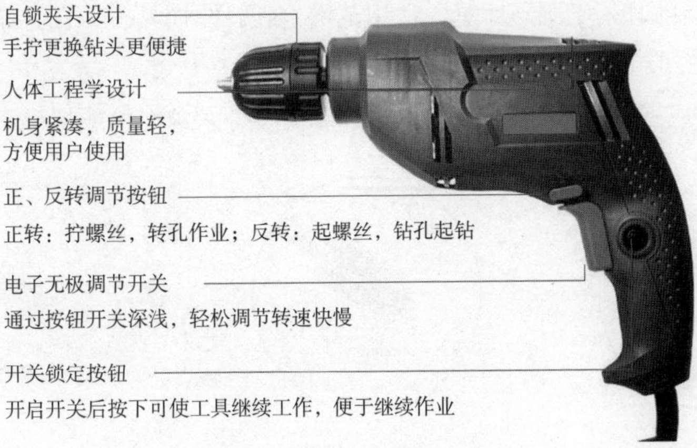

图5.2　手电钻主要组成图

(3)外壳。用铝合金压铸而成,表面光滑、重量轻且坚固耐用。

(4)开关。电钻的手柄上装有手揿式快速切断自动复位开关,操作方便、可靠。

(5)钻夹头。用于夹持钻头。

(6)电源线。一般使用三芯橡胶软线,安全可靠。

2. 手电钻常用钻头的种类图解

(1)麻花金属钻头(图5.3)

特点:头部135°角,钻花锋利。适用范围:钻木材、金属、塑料。

(2)瓷砖钻头(图5.4)

特点:三角箭头,头部四切角设计。适用范围:适合钻普通中低硬度的瓷砖。

(3)玻璃钻头(图5.5)

特点:头部磨砂状,钻头体通透。适用范围:使用时需要加水,适合钻普通玻璃、瓷砖、玻化砖、石材等。

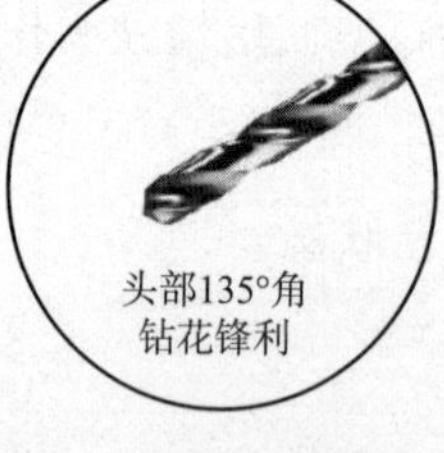

图5.3　麻花金属钻头

图5.4　瓷砖钻头

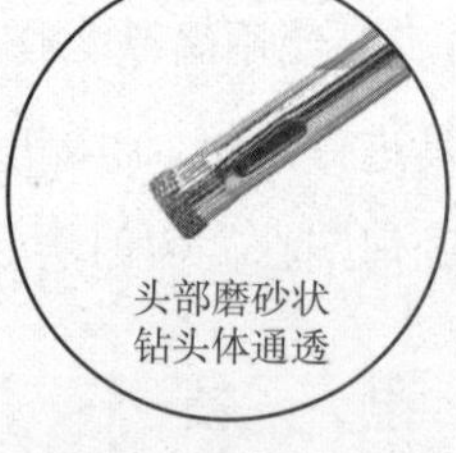

图5.5　玻璃钻头

(4)螺丝批头(图5.6)

特点:头部为一字或者十字。适用范围:拆卸和安装螺丝、自攻钉、燕尾钉等紧固件。

(5)磨头(图5.7)

特点:锥形或者圆形、半圆形磨具。适用范围:金属件、模具、玉石的打磨。

(6)套筒(图5.8)

特点:外六角或者内六角。适用范围:拆卸和安装外六角螺栓或螺母。

图5.6　螺丝批头

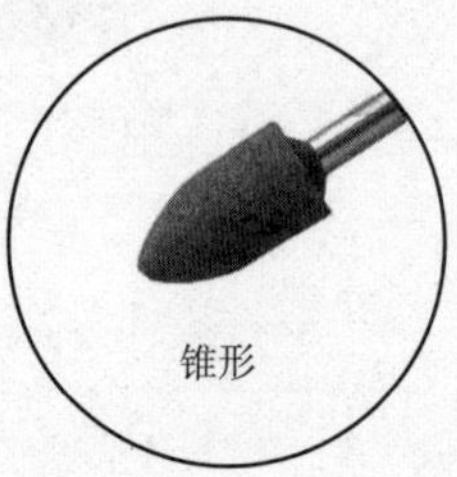

图5.7　磨头

图5.8　磁性套筒头

3. 手电钻钻头的更换方法

(1)右手拿住电钻,左手转动夹头,是钻头可以插入夹头为准(图 5.9)。

(2)左手放入钻头到夹头中,右手向内转动夹头,使夹头夹住钻头(图 5.10)。

(3)左手拿稳机身,右手用钥匙插入钥匙口,顺时针转动钥匙,使夹头夹紧钻头(图 5.11)。

图 5.9 手电钻钻头更换步骤一

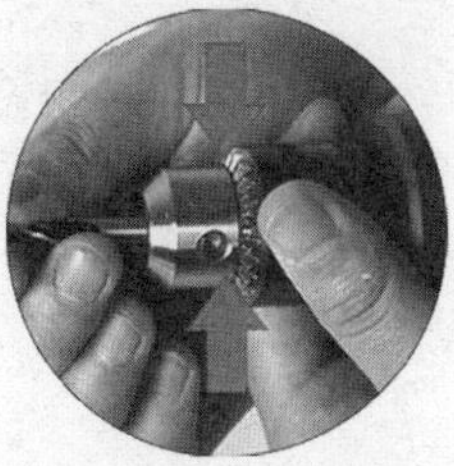

图 5.10 手电钻钻头更换步骤二

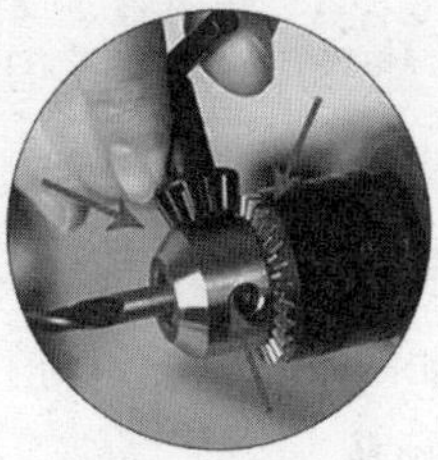

图 5.11 手电钻钻头更换步骤三

4. 手电钻操作步骤与操作技巧

(1)选取带有钻夹头钥匙,功率合适的手电钻。准备好钻头。

(2)检查手电钻是否漏电,并接上电源。

(3)用钥匙夹紧钻头,并取下钥匙。

(4)戴好橡胶绝缘手套,点动手电钻开关,查看手电钻运转是否正常。

(5)用钻头抵住工件钻孔冲眼,找正钻头与工件加工表面的垂直位置,保持正确的钻孔姿势,双手稳握手电钻,接通开关,试钻一浅坑。

(6)检查孔位是否正确。若有偏差,调整钻头角度,修正孔位中心,若无偏差则均匀加力,进刀钻孔。

(7)钻孔时,手电钻不要摇晃,应时常退刀清除切屑。通孔钻到末尾时,要缓慢进刀。

(8)钻孔结束后,卸下钻头,及时拆掉电源线或拔下电源开关,整理好电源线。

(9)清理工作现场。

5. 手电钻使用禁忌与注意事项

(1)手电钻工作时,电源线应放置在不易被人拌到或踩到的地方。

(2)使用前,须开机空转 1 min,检查传动部件是否正常,如有异常,应排除故障后再使用。

(3)钻孔时,一定要双手握紧手电钻,否则容易发生人身事故。

(4)使用手电钻时,应轻拿轻放,避免摔坏外壳。

(5)手电钻应定期进行检查,对各部件发现的问题要及时进行处理,并注意做好维护保养。

5.1.3 螺丝旋具

螺丝旋具是设备日常维护检修及故障抢修常用工具,螺丝旋具又称螺丝刀、螺丝批、起子和改锥等,是用来紧固和拆卸各种紧固力较小螺钉。螺丝旋具是由刀柄和刀体组成,刀口形状有"一"字、"十"字、内六角、六角套筒旋具等。根据刀体长度和刀口大小,每一类型都有不同型号。电气维护用的螺丝旋具刀体部分用绝缘管套住。常用的螺丝刀如图 5.12 所示外形。

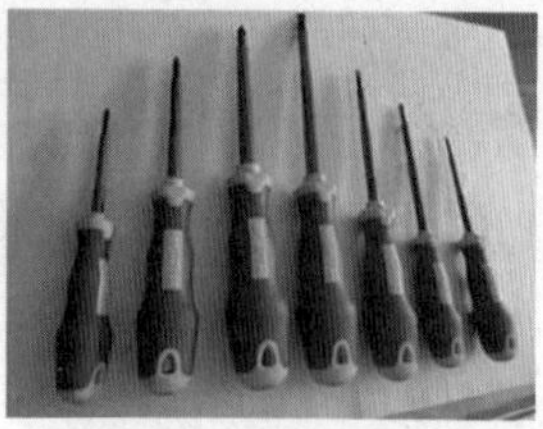

图 5.12 螺丝刀外形

1. 规格

螺丝刀的规格一般以柄部以上的杆身长度和杆身直径表示,但习惯上是以柄部以上杆身长度表示。常用的"一"字形螺丝刀有 50 mm、100 mm、150 mm 和 200 mm 等规格。常用的"十"字螺丝刀的规格有:PH1、PH2、PH3。对于"十"字形螺丝刀来说,选择合适的规格是十分必要的。

2. 使用方法

(1)大螺丝刀的使用。大螺丝刀一般用来紧固或旋松较大的螺钉。使用时,用大拇指、食指和中指夹住握柄,手掌顶住握柄的末端,以适当的力度旋紧或旋松螺钉。刀口要放入螺钉的头槽内,不能打滑。

(2)小螺丝刀的使用。小螺丝刀一般用来紧固或拆卸电器装置接线桩上的小螺钉。使用时,大拇指和中指夹着握柄,用食指顶住握柄的末端,刀口放入螺钉槽内。捻旋时施以适当的力,不能打滑以免损伤螺钉头槽。

(3)长螺丝刀的使用。使用较长螺丝刀时,用右手握住握柄并旋动握柄,左手握住螺丝刀的中间部分,使螺丝刀不致滑脱螺丝钉头槽。此时左手不得放在螺钉的周围,以免螺丝刀滑出时将手划伤。

3. 使用注意事项

(1)电工作业必须使用带绝缘手柄的螺丝刀。

(2)使用螺丝刀紧固或拆卸带电的螺丝钉时,手不得触及旋具的金属杆,以免发生触电事故。

(3)为了防止螺丝刀的金属杆触及皮肤或邻近带电体,应在金属杆上套装绝缘管。

(4)使用时应注意选择与螺钉槽相同且大小规格相应的螺丝刀。

(5)切勿将螺丝刀当做錾子使用,以免损坏螺丝刀手柄或刀。

5.1.4　钳

按功能和形状可以分为克丝钳、尖嘴钳、扁嘴钳、鹰嘴钳、剥线钳、斜口钳、压线钳等。克丝钳具有较强夹和剪切功能，常用来夹持、剪切金属线、弯绞金属线、紧固和拧松螺栓等。尖嘴钳的头部尖细，适合狭小空间操作，可以用来夹持小的器件、剪切细小金属线、修整导线形状、紧固和拧松小螺栓。扁嘴钳的头部扁平，有带齿和不带齿两种，适合用来夹持和修整器件，不带齿的不会在器件上留下夹压的痕迹。鹰嘴钳的头部尖细且弯曲，适合用来夹持小的器件。斜口钳的头部有锋刃，用来剪切金属线。剥线钳用于剥除截面 6 mm^2 以下导线的绝缘层。压接钳用来压接各类接头，有机械式和油压式。根据压接接头不同，压接线径不同，使用不同压线钳。常用的有网线接头压接钳。不同的钳有不同功能，切不可混用。不允许用锤子等工具敲击或当锤子敲击。

5.1.5　锤

锤子是一种敲击工具，为了适应各种不同的工作要求，有各种类型、规格和形状。分为羊角锤、圆头锤、橡胶锤等，不同类型的锤类适用于不同的工作要求，错误的使用可能会导致打击面破碎，还可能导致眼睛和身体其他部位受到严重的伤害。

5.1.6　六角扳手

1. 基本介绍

内六角扳手也叫艾伦扳手。常见的英文名称有“Allen Key(或 Allen Wrench)”和“Hex Key”(或 Hexwrench)。它通过扭矩施加对螺丝的作用力，大大降低了使用者的用力强度，是工业制造业中不可或缺的得力工具。

常用的六角扳手(图 5.13)分为球头内六角扳手、平头内六角扳手与花形内六角扳手。

内六角扳手能够流传至今，并成为工业制造业中不可或缺的得力工具，关键在于它本身所具有的独特之处和诸多优点：

(1)它很简单而且轻巧。

(2)内六角螺丝与扳手之间有六个接触面，受力充分且不容易损坏。

(3)可以用来拧深孔中螺丝。

(4)扳手的直径和长度决定了它的扭转力。

(5)可以用来拧非常小的螺丝。

(6)容易制造，成本低廉。

(7)扳手的两端都可以使用。

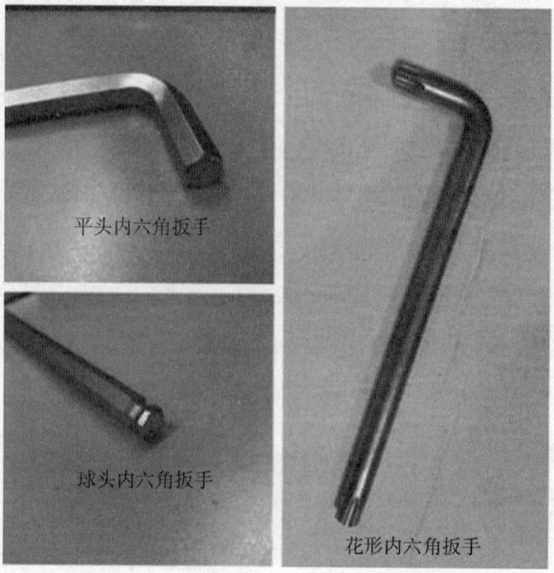

图 5.13

常见规格：1.5、2、2.5、3、4、5、6、8、10、12、14、17、19、22、27。

2. 内六角扳手使用注意事项

(1)所选用的扳手的开口尺寸必须与螺栓或螺母的尺寸相符合，扳手开口过大易滑脱并损伤螺件的六角，在使用过程中，应注意扳手尺寸的选择。

(2)使用时应均匀用力，防止用力过大使内六角扳手滑出伤人。

(3)不得用其他工具敲击内六角扳手，也不得用其他加长工具对扳手进行操作，防止扳手崩裂伤人。

(4)使用时要保证扳手与被紧固(或拆卸)螺栓接触面完全啮合，且深入螺栓内部，防止在用力过程中扳手滑脱，损坏螺栓内部结构且造成人身伤害。

5.1.7 套　筒

(1)将套筒(图 5.14)套在配套手柄的方榫上(视需要与长接杆、短接杆或万向接头配合使用)，再将套筒套住螺栓或螺母，左手握住手柄与套筒连接处，保持套筒与所拆卸或紧固的螺栓同轴，右手握住配套手柄加力。

(2)在使用套筒的过程中，左手握紧手柄与套筒连接处，切勿摇晃，以免套筒滑出或损坏螺栓螺母的棱角。

(3)朝向自己的方向用力，可防止滑脱造成手部受伤。

(4)在选用套筒时，必须使套筒与螺栓、螺母的形状及尺寸完全适合，若选择不正确，则套筒在使用时有可能打滑，从而损坏螺栓、螺母。

(5)棘轮手柄是最常见的套筒手柄，如图5.14所示，通过调整锁紧机构可改变其旋转方向。将锁紧机构手柄调到左边，可以单向顺时针拧紧螺栓或螺母；将锁紧机构手柄调到右边，可以单向逆时针松开螺栓或螺母。

(6)棘轮手柄使用方便但不够结实。不要使用棘轮扳手对螺栓或螺母进行最后的拧紧，另外，严禁对棘轮手柄施加过大的扭矩，否则会损坏内部棘爪结构。

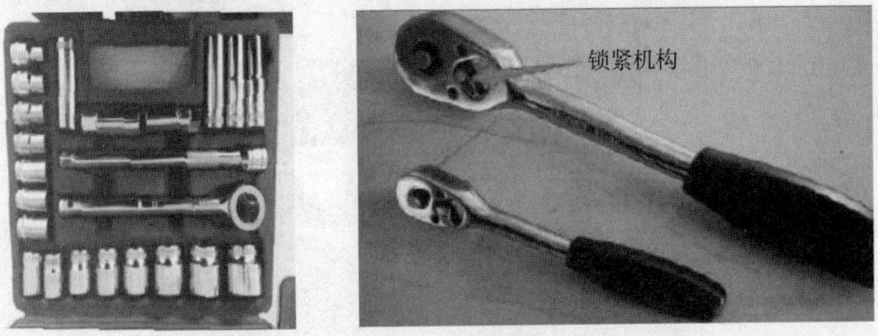

图5.14　套筒

5.2　常用仪器仪表使用

AFC专业常用仪器仪表主要为数字兆欧表、接地电阻测试仪、数字万用表、网线测试仪等。

5.2.1　数字兆欧表

数字兆欧表是测量绝缘电阻的专用仪表。数字兆欧表具有容量大、抗干扰强、指针与数字同步显示、交直流两用、操作简单、自动计算各种绝缘指标(吸收比、极化指数)、各种测量结果具有防掉电功能等特点。

数字兆欧表的组成(图5.15和图5.16)：

①LCD屏幕显示。

②TIMESET：定时按键。

③CLEAR背光灯开关及清除内部存储按键。

④测试按钮。

⑤功能旋钮。

⑥↑↓时间选择键。

⑦红色高压测试线插座。

图 5.15　数字兆欧表

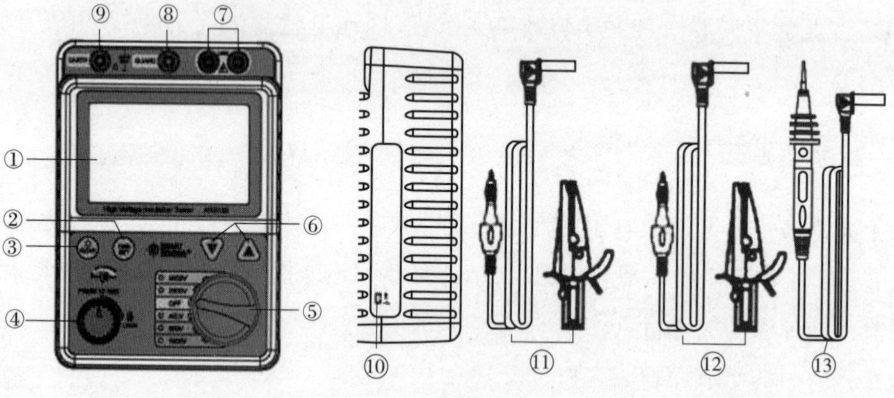

图 5.16　数字兆欧表

⑧绿色保护测试线插座。

⑨黑色测试线插座。

⑩USB 接口:将连接线的一端插入此接口,另一端与计算机上可用的 USB 端口相连。

⑪黑色测试线与鳄鱼夹。

⑫绿色保护测试线与鳄鱼夹。

⑬红色高压测试线。

数字兆欧表在工作时，自身产生高电压，而测量对象又是电气设备，所以必须正确使用，否则就会造成人身或设备事故。使用前，首先要做好以下各种准备：

(1)测量前必须将被测设备电源切断，并对地短路放电，决不允许设备带电进行测量，以保证人身和设备的安全。

(2)对可能感应出高压电的设备，必须消除这种可能性后，才能进行测量。

(3)被测物表面要清洁，减少接触电阻，确保测量结果的正确性。

仪表概述及设备符号如图 5.17 所示。

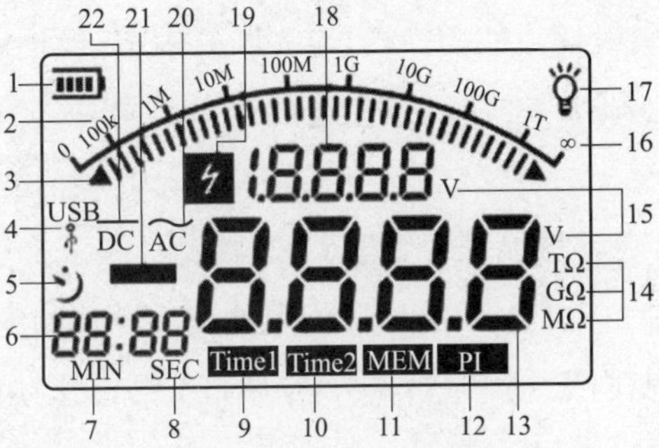

1—电池标志，表示当前剩余电量。有以下五种等级：电量充足　电量较充足

：电量已接近不足　：电量即将耗尽，需换电池　：电量已耗尽；

2—绝缘电阻阻值范围标识符号；3—绝缘电阻阻值动态条形显示区；

4—USB：使用 USB 传输线时此符号显示；5—：倒计时符号；6—定时时间显示区；

7—MIN："分钟"指示符号；8—SEC："秒钟"指示符号；9—定时器 1；

10—定时器 2；11—记忆符号；12—极化指数符号；

13—电压值/绝缘电阻阻值显示区；14—阻值单位；15—电压值单位；

16—电阻无穷大标识符号；17—背光灯指示符号；18—电压数值显示区；

19—高压警告标识符号；20—交流电标识符号；

21—负号标识；22—直流电标识符号

图　5.17

5.2.2　万用表

1. 基本介绍

(1)万用表可分为指针式万用表和数显式万用表。

(2)万用表由表头、测量电路及转换开关等三个主要部分组成。

(3)万用表又叫多用表、三用表、复用表，是一种多功能、多量程的测量仪表，一般万用表可测量直流电流、直流电压、交流电压、电阻和音频电平等;有的还可以测交流电流、电容量、电感量及半导体的一些参数,是一种简单实用的测量仪器。

(4)以常用的福禄克 15B+或 17B+型数字万用表为例,介绍其常见使用方法。

2. 注意事项

(1)在使用万用表之前,应先进行“机械调零”,即在没有被测电量时,使万用表指针指在零电压或零电流的位置上。

(2)在使用万用表过程中,不能用手去接触表笔的金属部分,这样一方面可以保证测量的准确,另一方面也可以保证人身安全。

(3)在测量某一电量时,不能在测量的同时换挡,尤其是在测量高电压或大电流时,更应注意。否则,会使万用表毁坏。如需换挡,应先断开表笔,换挡后再去测量。

(4)用表在使用时,必须水平放置,以免造成误差。同时,还要注意到避免外界磁场对万用表的影响。

(5)万用表使用完毕,应将转换开关置于 OFF 挡。

(6)万用表口诀:测量先看挡,不看不测量;测量不拨挡,测完拨空挡;测 R 不带电,测 C 先放电;黑负要记清,表内黑接“+”;测 I 应串联,测 U 要并联;极性不接反,单手成习惯。

万用表挡位、接线示意如图 5.18 所示。

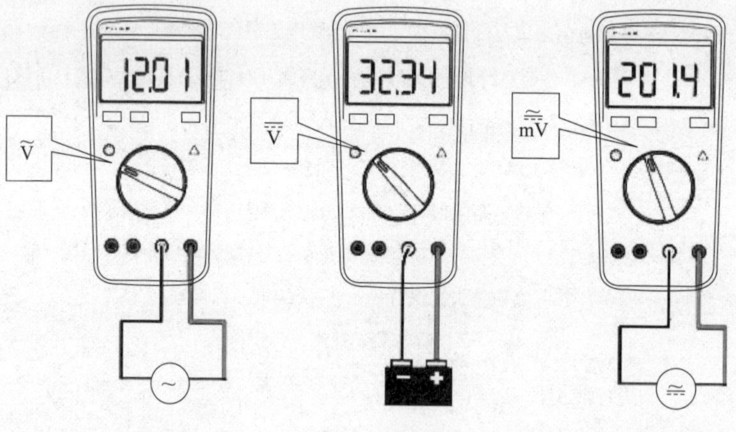

(a)交流电压　　(b)直流电压　　(c)直流毫伏

图 5.18　万用表挡位、接线图

5.2.3　钳形接地电阻测试仪

1. 基本介绍

6412 系列钳形接地电阻仪是传统接地电阻测量技术的重大突破,广泛应用于电力、电信、气象、油田、建筑及工业电气设备的接地电阻测量。

6412 系列钳形接地电阻仪在测量有回路的接地系统时，不需断开接地引下线，不需辅助电极，安全快速、使用简便。

6412 系列钳形接地电阻仪能测量出用传统方法无法测量的接地故障，能应用于传统方法无法测量的场合，因为 6412 系列钳形接地电阻仪测量的是接地体电阻和接地引线电阻的综合值。

6412 系列钳形接地电阻仪有长钳口及圆钳口之分，如图 5.19 所示。长钳口特别适宜于扁钢接地的场合。

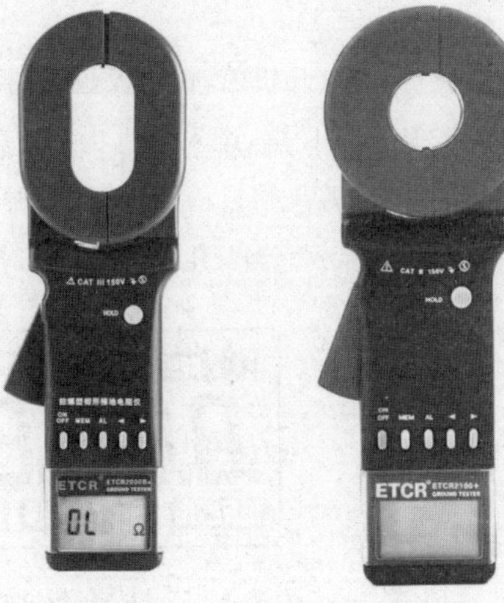

(a)长钳口　　(b)圆钳口

图 5.19　接地电阻仪

2. 设备按键功能(图 5.20 和图 5.21)

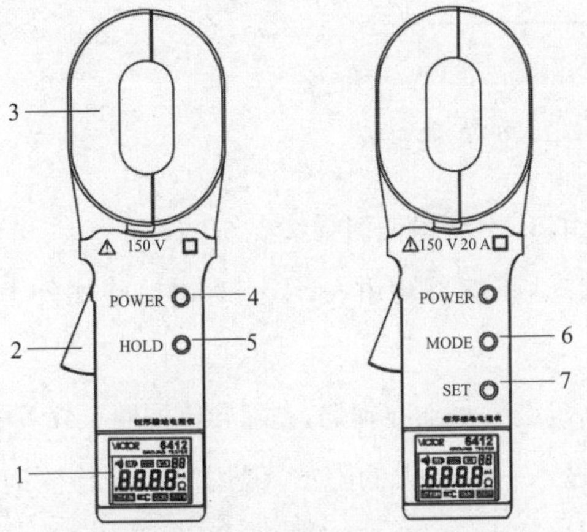

注：1—液晶显示屏；2—扳机，控制钳口张合；

3—钳口，长钳口 65 mm×32 mm；圆钳口 ϕ32 mm；

4—开机/关机/＊退出；5—锁定/解除显示；

6—功能模式切换键(电阻测量/电流测量/数据查阅)；

7—组合功能键(与 MODE 键组合实现：

锁定/解除/存储/设定/查看/翻阅/清除数据)。

图　5.20

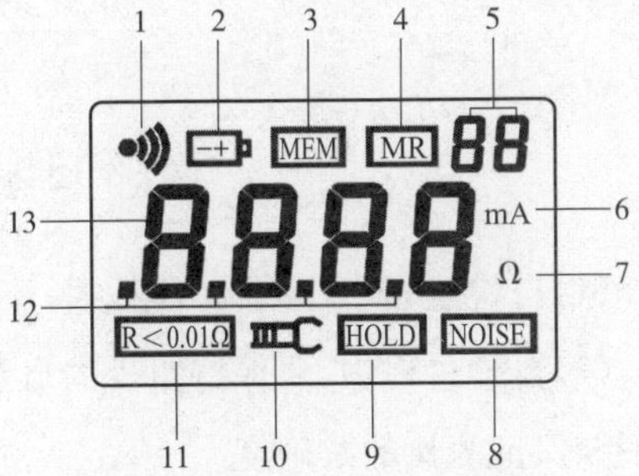

注：1—报警符号；2—电池电压低符号；

3—存储数据已满符号；4—数据查阅符号；

5—2 位存储数据组编号数字；

6—电流单位；7—电阻单位；

8—杂讯信号；9—数据锁定符号；

10—钳口张开符号；

11—电阻小于 0.01 Ω 符号；

12—十进制小数点；

13—4 位 LCD 数字显示。

图　5.21

3. 操作方法

设备开机：开机前，扣压扳机一两次，确保钳口闭合良好。

按 POWER 键，进入开机状态，首先自动测试液晶显示器，其符号全部显示，如图 5.22(a)所示。然后开始自检，自检过程中依次显示“CAL6、CAL5、CAL4…CAL0、OL Ω”，如图 5.22(b)所示。当“OL Ω”出现后，自检完成，自动进入电阻测量模式。

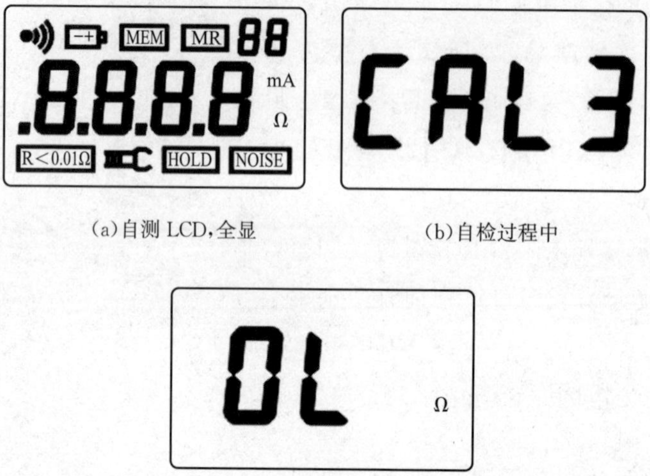

(a)自测 LCD，全显　　(b)自检过程中

(c)自检结果

图 5.22　自检完成示意图

(1)自检过程中，不要扣压扳机，不能张开钳口，不能钳任何导线。

(2)自检过程中，要保持钳表的自然静止状态，不能翻转钳表，不能对钳口施加外力，否则不能保证测量的准确度。

(3)自检过程中，若钳口钳绕了导体回路，测量结果是不准确的，去除导体回路重新开机。

(4)如果开机自检后未出现“OL Ω”，而是显示一个较大的阻值，但用测试环检测时，仍能给出正确的结果，这说明钳表仅在测大阻值时(如大于 100 Ω)有较大误差，而在测小阻值时仍保持原有准确度。

设备关机：

(1)钳表在开机后，按 POWER 键关机。

(2)钳表在开机 5 min 后，液晶显示屏进入闪烁状态，闪烁状态持续 30 s 后自动关机，以降低电池消耗。在闪烁状态按 POWER 键可延时关机，钳表继续工作。

(3)在 HOLD 状态下，需先按 SET 键或 POWER 键退出 HOLD 状态，再按 POWER 键关机。

(4)在设定报警临界值状态下，需先按 POWER 键或按 SET 键 3 s 退出设定报警临界值状态，再按 POWER 键关机。

电阻测量：

(1)开机自检完成后，显示“OL Ω”，即可进行电阻测量。此时，扣压扳机，打开钳口，钳住待测回路，读取电阻值。

(2)用户认为有必要，可以用随机的测试环检验一下。其显示值应该与测试环上的标称值一致(5.1 Ω)。

(3)测试环上的标称值是在温度为 20 ℃下的值。

(4)显示值与标称值相差一个字，是正常的。

(5)如：测试环的标称值为 5.1 Ω 时，显示 5.0 Ω 或 5.2 Ω 都是正常的。

(6)显示“0L Ω”，表示被测电阻超出了钳表的上量限。

(7)显示“L0.01 Ω”，表示被测电阻超出了钳表的下量限。

(8)闪烁显示符号，表示被测电阻超出了电阻报警临界值。

(9)在其他模式下，按 MODE 键能切换到电阻测量模式。

(10)HOLD 状态下，需先按 SET 键或 POWER 键退出 HOLD 状态，再按 MODE 键能切换到电阻测量模式。

(11)报警临界值状态下，需先按 POWER 键或按 SET 键 3 s 退出设定报警临界值状态，再按 MODE 键能切换到电阻测量模式。

数据锁定/解除/存储：

(1)在电阻测量过程中，按 HOLD 键锁定当前显示值，显示 HOLD 符号，再按 HOLD 键取消锁定，HOLD 符号消失，可继续测量。

(2)在测量电阻或电流时，按 SET 键锁定当前显示值，显示 HOLD 符号；同时，将此锁定值作为一组数据依次自动编号并存储，再按 SET 键或 POWER 键取消锁定，HOLD 符号消失，返回测量状态。循环上述操作，能存储 50 组数据。若存储已满，闪烁显示 MEM 符号。

(3)锁定被测电阻 0.016 Ω，同时作为第 01 组数据存储。

(4)在数据查阅模式下，按 MODE 键切换到测量模式，才能进行数据锁定、存储操作。

(5)在报警临界值设定状态下，需先按 POWER 键或按 SET 键 3 s 退出报警临界值设定状态，才能进行数据锁定、存储操作。

(6)关机后再开机，不会丢失所存数据。

5.2.4　网线测试仪

1. 基本介绍

网络电缆测试仪，可以对双绞线 1、2、3、4、5、6、7、8、G 线对逐根(对)测试，并可区分判定哪一根(对)错线,短路和开路。网线钳是用来压接网线或电话线和水晶头的工器具。水晶头制作流程如图 5.23 所示。

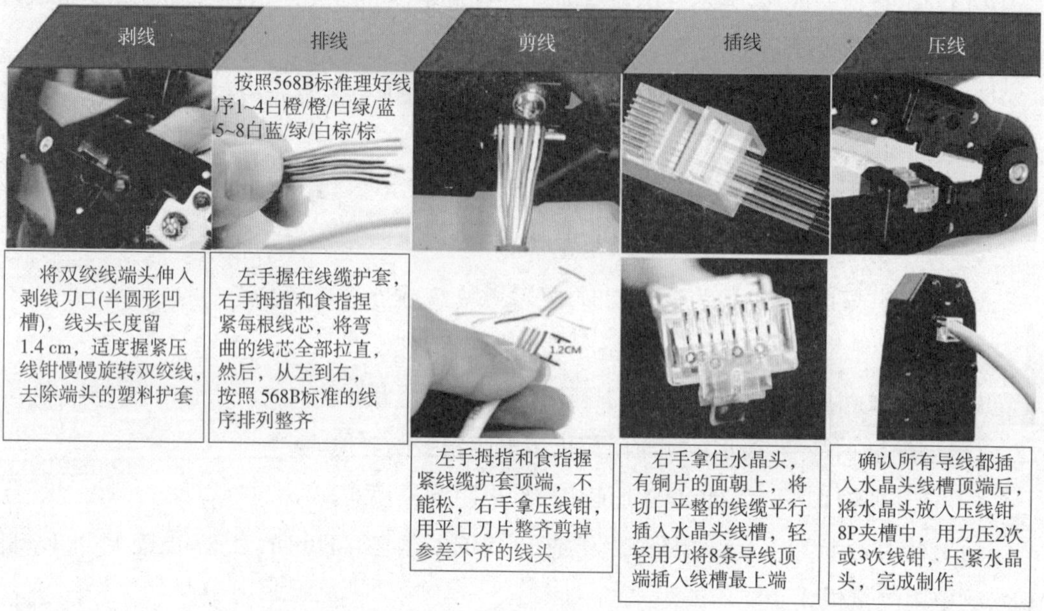

图 5.23 网线水晶头制作流程图

使用网线钳制作水晶头简单六步骤:

(1)把线放在网线钳有个缺口的地方转一周,把外壳去掉。

(2)按顺序排好线,白橙,橙,白绿,蓝,白蓝,绿,白棕,棕。

(3)排好线后,拿着水晶头正面向上(没有扣的一面)。

(4)顺着水晶头线槽用力把排好的线插到位压实。

(5)再将水晶头放到网线钳内,用力压下去便完成制作。

(6)制作完成后需用测线仪进行测试灯全亮制作完成。

2. 测线仪的使用

将网线的两端水晶头插入测线仪 RJ45 端口,一端发射信号,一端反馈信号,信号灯将依次闪过,如果有间隔灯未亮过说明网线两边序列不一样。

常规网线接法:橙白 1 橙 2 绿白 3 蓝 4 蓝白 5 绿 6 棕白 7 棕 8

交叉网线接法:绿白 3 绿 6 橙白 1 蓝 4 蓝白 5 橙 2 棕白 7 棕 8

将网线两端的水晶头分别插入主测试仪和远程测试端的 RJ45 端口,将开关拨到“ON”(S 为慢速挡),这时主测试仪和远程测试端的指示头就应该逐个闪亮(图 5.24)。

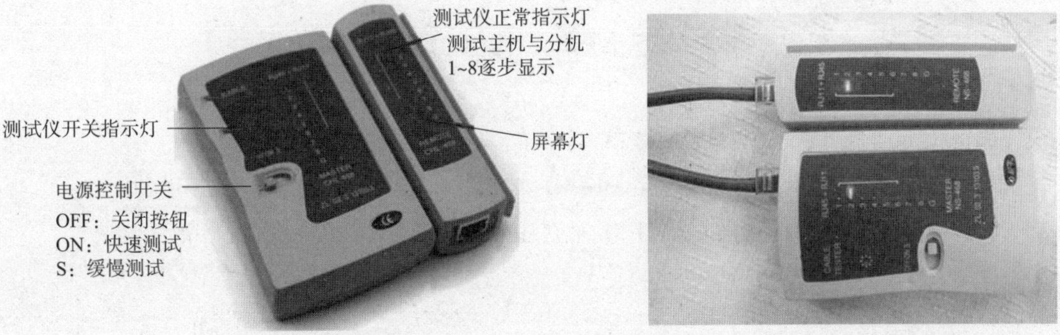

图 5.24　网线测试仪示意图

(1)直通连线的测试:测试直通连线时,主测试仪的指示灯应该从 1 至 8 逐个顺序闪亮,而远程测试端的指示灯也应该从 1 至 8 逐个顺序闪亮。如果是这种现象,说明直通线的连通性没问题,否则就得重做。

(2)交错线连线的测试:测试交错连线时,主测试仪的指示灯也应该从 1～8 逐个顺序闪亮,而远程测试端的指示灯应该是按着 3、6、1、4、5、2、7、8 的顺序逐个闪亮。如果是这样,说明交错连线连通性没问题,否则就得重做。

(3)若网线两端的线序不正确时,主测试仪的指示灯仍然从 1 至 8 逐个闪亮,只是远程测试端的指示灯将按着与主测试连通的线号的顺序逐个闪亮。也就是说,远程测试端不能按着(1)和(2)的顺序闪亮。

3. 导线断路测试的现象

(1)当有 1～6 根导线断路时,则主测试仪和远程测试端的对应线号的指示灯都不亮,其他的灯仍然可以逐个闪亮。

(2)当有 7 根或 8 根导线断路时,则主测试仪和远程测试端的指示灯全都不亮。

4. 导线短路测试的现象

(1)当有两根导线短路时,主测试仪的指示灯仍然按着从 1 至 8 的顺序逐个闪亮,而远程测试端两根短路线所对应的指示灯将被同时点亮,其他的指示灯仍按正常的顺序逐个闪亮。

(2)三根或三根以上的导线短路时,主测试仪的指示灯仍然从 1 至 8 逐个顺序闪亮,而远程测试端的所有短路线对应的指示灯都不亮。

参考文献

[1] 刘鹏飞.城市轨道交通自动售检票检修工[M].成都:西南交通大学出版社,2018.

[2] 陈琦.城市轨道交通自动售检票系统检修工[M].北京:人民交通出版社股份有限公司,2017.

[3] 普天轨道交通技术(上海)有限公司.温州市域铁路S1线自动售检票系统技术规格书[R].2014.